青春理財提案

蜜雪兒‧洪 著

柯文敏 譯

Investing for Teens
How to Save, Invest, and Grow Money

提早跟金錢打好關係，
替你的錢包把關與儲值

獻給家人和摯友。
感謝你們一直以來的關愛和支持。

CONTENTS

目錄

本書使用心法

如果我告訴你（而且我敢打賭你根本不會想到）美國有很多百萬富翁……其實是「老師」呢？

沒錯！想像一下，在你的一生中已經遇到過和將會遇到多少老師，而他們之中很可能有些人就是百萬富翁。百萬富翁不一定都是價值數十億美元公司的總經理，也不限於開發APP 然後以超高價格賣給科技巨頭的企業家。

本書不是要教你成為百萬富翁，而是開啟你致富之旅的金錢和投資指南。它將幫助你做出良好的財務決策、開創生活的先機。比起任何成年人（包括總經理），你擁有最大的優勢之一，便在於搶先起步。想知道為什麼嗎？

讓我告訴你蘇西的故事。蘇西從 13 歲開始，就從每週10 美元的零用錢中獲得現金流，她自己也半工半讀到上了大學。蘇西在上大學之前很會存錢，接著在上大學時拿到人生中的第一張信用卡，詳情稍後再談。然而從那時起，蘇西做出了糟糕的財務決策，導致她在畢業時負債累累。

　　那個人就是我，我就是那個花錢無度的蘇西。我買了很多其實我買不起的東西，僅僅因為我自認已經是個成年人。那時我以為成年人就是可以為所欲為……包括想買什麼就買什麼！這種態度使我債台高築。到頭來，我是透過投資股票市場來償還債務、累積存款並增加財富。我到 30 歲時，手上的投資組合價值已經超過 12 萬美元。

　　然後，生活給我帶來了許多困境。我 12 年的感情結束了、失去了 7 年的全職工作、我的狗狗也離開了……這些事幾乎是在同一時間來襲。但這一次我卻能夠把逆境駕馭得更好，因為我不必擔心錢的問題。

　　多虧了 20 多歲時的殘酷教訓、30 多歲時的生活不如意，以及金融背景，現在我能幫助美國成千上萬的人擺脫債務、存錢，並利用投資來增加財富。

　　在接下來的內容中，我將介紹賺錢和儲蓄的方法。我還會說明如何處理節省下來的錢，這樣就可以啟動財富增加計

畫（而不是變得像蘇西一樣）。儘管每個人的金錢之旅都是獨一無二的，但這本書真的很好懂。書中提供很多按部就班的練習，你可以自己做，也可以與爸媽一起完成。

祝你投資愉快！

第一章

關於錢，以及那些跟錢有關的故事

　　你得手上有一些錢才能開始投資！但首先，讓我們深入了解錢是什麼、它從哪裡來、我們爲什麼有錢，以及今天世界上的錢是如何被創造出來的。

　　你有沒有想過，那麼小一張紙和金屬銅板，是如何成爲人們用來購買任何東西的物品的？爲了交換商品和服務，全世界有多少人同意它是應該被接受使用的主要支付方式？在本章中，我會簡單介紹一下錢幣的歷史，說明它是如何隨著時間演變，以及如何透過就業或開創自己的事業來爲自己賺錢。

◎ 錢幣簡史

　　在紙鈔或貨幣（西元前 600 年首次使用受到監管的硬幣）發明之前，人們只是彼此交換產品和服務。阿丹擅長做靴子，而小派是老練的漁夫。小派需要靴子的時候，就用他所捕到的魚換取阿丹所做的靴子。這種方法就是以物易物的系統。

　　隨著人口成長，以及來自其他國家想要進行貿易的需求升高，以物易物的交易方式變得越來越困難。解決的方法是將用於自由交易商品的東西標準化，於是貨幣誕生了。貝殼、玉米甚至鯨魚牙齒等東西在不同的時期，都曾被拿來當作貨幣使用。

　　最後，黃金成為一種在世界上被廣泛使用的標準貨幣。國王和統治者開採金礦銀礦、將它們製成硬幣、在上頭蓋上印章以確保真實性，並且宣布它們為流通使用的貨幣。一旦統治者認定某種東西是貨幣，每個人都有義務乖乖聽從，這就是貨幣創造其價值的方式。當一個團體認為某些東西有價值時，它就有了價值。

　　隨著時間的推移，紙鈔取代了金幣，這就是「金本位」（gold standard）的發展方式。金本位制度不再以金幣供人們流通使用，而是以書面承諾的票據形式發行紙鈔。票面上寫著，任何人都可以隨時以某一固定價格把它兌換成金條（99% 純金）。當然，兌換價格是政府說了算！

　　到了今天，已經沒有國家使用金本位制，「法定通貨」（fiat currency）才是主要貨幣。它是政府發行的貨幣，

沒有有形貨物或商品作為支撐。因為法定通貨沒有任何東西用以支撐，比如黃金，因此它可以在一個經濟體系中無限供應流通。

◎ 鑄幣狀況

還記得我說過國王和統治者只是鑄造金幣、在上頭蓋章，然後宣布它們是流通的貨幣嗎？幾千年來這樣的情形變化不大。美國鑄幣局（United States Mint）200 多年以來負責創造和製作 1 分（penny）、10 分（dime）、5 分（nickel）和 25 分（quarter）等硬幣，它的工作是要確保有硬幣可供人們消費、收集和保存。美國鑄幣局每年製造 100 億枚流通硬幣！但是，它不印製紙鈔，那是美國雕版印刷局（Bureau of Engraving and Printing）的工作。[01]

01　在台灣，製造硬幣的工作由中央造幣廠負責，主要的業務是法定硬幣、紀念幣等鎔鑄、整理工作，同時也承辦各項各類勳章、獎章、機關印信的製

　　美國鑄幣局還有另一項工作：儲存和保護國家的黃金。儘管金本位制不再被採用，但政府仍持有黃金儲備。美國大約一半的黃金儲存在肯塔基州諾克斯堡（Fort Knox）的美國金銀存管處（United States Bullion Depository）。

　　鑄幣局也發行具有收藏價值的紀念幣、用於投資的硬幣（它們通常是純金或純銀），還會頒發獎章給個人和機構，以表彰使國家或世界變得更美好等方面的傑出成就。這些獎章包括國會頒發的國會金質獎章（Congressional Gold Medals），這是國會頒發的最高獎章。也許有一天你會獲得一枚！

造。印製鈔票的工作由中央印製廠負責，除了紙幣外，還負責各類有價證券以及護照和國民身分證等政府重要文件的印製工作。

 **金錢面面觀　貨幣的演變**

西元前 9000 ～前 6000 年：牛（和其他牲畜）成為第一種貨幣形式。

西元前 1200 年：貝殼首先在中國使用，這是歷史上使用最廣泛、使用時間最長的貨幣。

西元前 1000 年：中國人製造出青銅和貝殼形狀的銅質硬幣。

西元前 600 年：受監管的硬幣首次在利底亞帝國（Lydian Empire）使用。

西元前 118 年：中國採行的西漢皮幣（Leather money），被認為是最早有記載的鈔票。

西元 806 年：從 9 世紀到 15 世紀，紙幣在中國被廣泛使用。

西元 1535 年：北美原住民使用貝殼串珠（Wampum，由蛤殼或螺殼製成的珠子）作為貨幣。

西元 1816 年：金本位制度創建。

西元 1930 年：法定通貨成為世界主要貨幣。

西元 2009 年：加密貨幣出現，一種數位形式的新貨幣，由平民（而非政府！）利用電腦代碼所創，使其難以偽造。

◎ 自己賺錢

接下來我們要討論如何自己賺錢。也許你已經從大人那裡拿零用錢，或者你已經在兼職打工了！如果你沒有打工，又或者你討厭現在打工的工作，那麼讓我們來探討一些可能的選項。

■ 找個兼職工作

許多地方會以兼職的方式雇用青少年，讓他們可以在放學後和週末工作。調查你當地的超商、咖啡店或附近的任何其他商家，詢問店家他們是否在招聘人員。如果有，問看看是否需要填寫申請表，並請大人協助填寫表格。

　　以美國來說，未成年人（18 歲以下的任何人）根據所居住州別的規定，可能需要提供工作許可證（work permit）或年齡證明（certificate of age）。請諮詢學校的相關輔導室，看看他們是否可以提供所需的表格，或者告訴你可以到哪些地方拿表格。你可能還會被要求，請爲你擔保的人寫推薦信。對此要求，可以請老師、球隊教練或其他了解你並值得信賴的成年人寫推薦信 [02]。

　　在投入兼職工作之前，請先考慮工作將如何影響你生活的其他方面。它會干擾任何課後活動，比如運動或照顧弟弟妹妹嗎？要怎麼去工作的地方呢？是自己步行、騎腳踏車，還是需要有人帶你去？每週可以花多少時間？這份工作是否需要加班？

　　在答應工作之前，一定要問雇主需要什麼樣的工作時間，並在上工之前，得到父母／監護人的許可！

---

[02]　在台灣，根據《勞動基準法》的規定，未滿 18 歲受僱從事工作者，應提供雇主其法定代理人或監護人的同意書以及年齡證明文件。

■ 暑期打工

如果你在學校上課期間很忙，那麼也許暑期的工作會比較理想。許多地方在暑假期間會雇用學生，例如夏令營、農產品市集、農場、遊樂園、游泳池，或者有的公司辦公室也會雇用暑期實習生。我曾連續 3 年夏天擔任營地輔導員，這是一個很棒的經歷（但也很累！）。

在暑期工作的一個很大好處是有機會專注於全職工作，還能存錢，所以你不一定要在上學期間工作。我們將在下一章討論儲蓄。

■ 創業做生意

如果你不能保證遵守兼職或暑期工作所要求的固定時間表，而是想自行安排工作時間怎麼辦？那你可以創業，建立自己的工作時間表！你可以提供保姆、修剪草坪、鏟雪、遛狗或家教等服務。另一種選擇是手作打造一些東西，親自或上網販售，例如珠寶、烘焙食品或其他工藝品之類的東西，都是很棒的主意。請發揮自己的創意！

如果沒有人知道你在賣什麼，你就不能指望生意會上

門，你必須推銷自己。在社群媒體上分享你的事業；於所在的活動中心、咖啡館或圖書館張貼傳單（先獲得許可）；告訴朋友和鄰居；並放上網路商店。切記在網路商店發帖時，一定要得到家裡成年人的許可和指導。保姆、遛狗或家教等服務，一般都是按小時計費。在報價前，先在網路調查一下，看看其他人於所在地區提供相同服務或產品的收費是多少。

對於你的產品，你當然希望足夠支付成本並且還有賺頭。舉例來說，假設你想賣蠟燭，原料和工具的成本是 50 美元。如果能製作出 36 根蠟燭，則每根蠟燭的成本為：50 美元 ÷ 36 = 1.39 美元。

如果每根蠟燭要價 1.39 美元，那收支剛好平衡（收回你的投資）。但你不會想只拿回那麼一點，你想要賺錢！如果將每支蠟燭的價格翻倍至 2.78 美元，再四捨五入為 3.00 美元，那麼你所獲取的利潤將會是售價減去成本，再乘上製作的蠟燭數量：($3.00 – $1.39) × 36 = $57.96。

如果你花了 4 個小時來準備、製作和賣東西，代表你每小時賺了：57.96 美元 ÷ 4 = 14.49 美元。還不賴！

你的生意能提供什麼好處和結果？

　　開公司或做生意都是爲人們遇到的問題提供解決方法，每個企業其實都在兜售某種解決方案。當你提供遛狗服務時，就是在幫助別人騰出空閒的時間；當你做家教時，是在幫助別人改善他們正在努力解決的問題；當你賣杯子蛋糕時，是在滿足某人的甜點需求。想一想並列出你的服務或產品所能提供的結果和好處。例如，假設你想輔導他人的數學，你可能會這樣寫：

聘請家教的好處：

- 小朋友能在一對一的條件下得到幫助。
- 父母／監護人能享受多出的空閒時間。
- 小朋友對課業不會那麼沮喪。

聘請家教的結果：

- 小朋友成績變好。
- 小朋友對數學更有自信。

◉ 小朋友更能享受數學帶來的樂趣。

當你透過傳單或網路宣傳自己的服務時，便可以使用這些列表。但小心不要過度承諾、執行不足，或誇大結果！

■ 舊物拍賣

拍賣舊物是清理家中不需要的東西，並在此過程中賺錢的好方法。檢查你的衣櫥、地下室和閣樓，挖出家裡每個人不需要的東西，然後就開賣吧！但在這樣做之前，請務必徵得家中成年人的許可。

你可以有很多方式賣東西：

- 在院子或車庫舉辦跳蚤市場，並在社區張貼傳單，公告拍賣會何時舉行。
- 在網路商店列出商品（需要獲得大人的許可）。
- 在社群媒體上分享想賣的東西。

如果你想上網賣東西，那就得拍幾張照片給別人看（要讓它看起來很吸睛！）。

成功的故事　蕾哈娜

你可能知道蕾哈娜（Rihanna）已賣出超過6,000萬張專輯，並獲得了八項葛萊美獎。但你可知道，她之所以成為億萬富翁，其實部分原因是她在時尚和美容的事業？

蕾哈娜17歲時簽下了她的第一個音樂合約，而且在3年內獲得第一座葛萊美獎。蕾哈娜到29歲時，除了音樂和表演領域，還涉足其他創意領域。她推出了具包容性的化妝品和內衣業務，以滿足黑人女性和各種體型女性的需求。

蕾哈娜是一個很好的例子，她的故事說明如何在主要才能之外找到多種賺錢方法。如今，她是世界上最富有的女性音樂家和全球時尚的標竿。

◎ 檢視你的所得

當你開始工作時，請注意，並非所有賺到的錢都會進入你的口袋！你得為你的收入繳納各種稅款。不管你是在商店兼職打工還是經營自己的事業，美國國稅局（Internal Revenue Service，IRS）都會從你的薪水中扣除一部分。當你收到兼職工作的薪資單時，會看到就業稅（employment tax）已經先被自動扣除，裡頭涵蓋了聯邦稅和州稅、社會保障（social security）和醫療保險（Medicare）。

如果你是自雇的情況，並且收入超過 400 美元時，就必須填寫納稅申報表並為你的事業利潤納稅。納稅收入（taxable income）是扣除費用後的收入金額，假設你去年在網路銷售手鐲，銷售額為 2,000 美元，如果材料、包裝、運輸、網路上架費用和人力成本（是的，給自己發工資！）總計 1,200 美元，那麼你的納稅收入就是：2,000 美元 – 1,200 美元 = 800 美元。

自雇稅的稅率會波動，所以在計算需要預留多少錢來

支付課稅之前，一定要檢查稅率是多少。例如，如果自雇稅的稅率為 15.3%，那麼就需要為美國國稅局預留：800 美元 × 0.153 = 122.40 美元。因此，在開始做生意前，要考慮所有營運和開業成本，以及你欠美國國稅局的稅款（並留下這一筆錢不能動！）[03]。

💡 專家的小提示

推銷是一項重要的生活技能，不限於企業老闆或業務員才需要。當你找工作時，通常會經歷面試的環節，這就是你必須兜售（或推銷）自己的地方，這樣他們才會選擇雇用你而不是其他人。我強烈建議透過閱讀書籍、瀏覽部落格或觀看線上影片來學習如何推銷自己。

03　在台灣，未滿 18 歲者的打工收入稅額會與法定代理人一起申報。

列出賺錢的方法

　　試著列出一張關於賺錢方法的清單，包括需要做些什麼來實現它們。在賺錢這方面，不是非得只能選擇一種方法後就不能再選另一種。如果能夠在生活中找到平衡，你可以同時做不止一件事。例如，你可以有一份全職的暑期工作，但也能同時整年在網路上銷售數位藝術。

　　選擇在哪裡工作時，請考慮一些隨之而來的福利，比如折扣；又或許你的朋友已經在某家商店工作，所以你會喜歡那裡的氛圍。在廣泛地思考可能的工作地點時，要考慮你的興趣、擅長的領域以及如何能幫助到其他人。你既然投入了時間，就盡量讓自己工作愉快，不要讓自己有太大壓力！

◎ **保管好你的錢**

　　你已經賺到錢了，然後呢？成為花錢無度的蘇西，像我以前那樣？當然不要！

　　我九年級時，每週都會收到一筆零用錢（10 美元），而這筆錢要從星期一用到星期六。我會把剩下的錢藏在衣櫥裡的小袋子裡，這些錢隨著時間累積，到後來我的衣櫥裡堆了一大疊現金。我覺得自己超有錢的！一直到我的錢包在學校被偷之後（裡面有現金），我才決定是時候開一個銀行帳戶，從此我隨身攜帶的是一張簽帳金融卡（debit card），而不再是一疊現金。

　　將現金存入銀行帳戶，而不是放在家裡或錢包裡，這是最安全的存款方式，因為：

1. 現金可能不見或被偷。
2. 現金可能損毀，如被大火燒毀。

銀行帳戶還提供一些好處，例如：

1. **便利**：當你開設銀行帳戶時，銀行會發給你一張簽帳金融卡，讓你可以在商店或網路上透過你的帳戶付款。甚至你可以從自動櫃員機提款。
2. **生錢**：沒錯，你的錢能夠以利息的形式為你賺錢。信不信由你，把錢放在銀行，銀行還會付你錢！
3. **防盜**：除非小偷知道你金融卡的密碼，否則很難從你的銀行帳戶中把錢偷走。

防盜這一點可能會引發你下一個問題：

我的錢放在銀行安全嗎？

美國聯邦政府成立了一個名為聯邦存款保險公司（Federal Deposit Insurance Corporation，FDIC）的機構來保護人們存放在各種金融機構的資金，如銀行、信用合作社和證券經紀公司等。你存放在這些機構中的錢都

有保險，免受盜竊、欺詐，甚至機構本身的風險，以防萬一它們倒閉。由於這些保護措施，可以確保你的錢在銀行是安全的。[04]

當你開戶時，有以下幾個選項：

1. **銀行**：銀行是營利性機構，提供各種金融產品，例如貸款、信用卡和抵押貸款。
2. **信用合作社**：信用合作社類似於銀行，不同之處在於它們是透過合作社的形式建立的非營利機構，指一群擁有共同連結的成員，例如他們所從事的行業、宗教信仰，或是他們所居住的社區。
3. **證券經紀公司**：如果你想將資金投資於股票市場，那麼就需要這類型的帳戶來存放你的股票投資（稍後會詳細介紹）。

---

04 在台灣，由財政部和中央銀行共同出資設立的「中央存保公司」，提供民眾在同一金融機構中的存款總計最高新台幣 300 萬元的保障額度。

要如何選擇該使用哪種銀行帳戶類型？我們將在下一章更詳細地討論銀行業務。

第一章懶人包

你應該從本章解鎖了：

- 貨幣的演進歷史
- 貨幣系統如何建立
- 賺錢的方法：透過找工作、賣東西，或是開展自己的事業
- 哪些錢會從你的薪水中扣除，像是課稅
- 如何安全存放你的錢

第二章
我想成爲存錢的強者

　　我花了很多年的時間觀察人們的財務狀況：有存款的人和負債者之間的區別，在於他們「花了」多少錢。我見過收入極高（年收入 10 萬美元以上）的人負債累累，但也有人透過大額存款帳戶存下了一半的金額。

　　本章相當重要！因爲很多人的日常壓力都與金錢有關，他們要嘛沒有足夠的存款要嘛債台高築。在這一章，我將告訴你如何存錢、解釋什麼是財務目標、如何設定你自己的財務目標、討論什麼是預算和如何制定預算，以及當錢存在銀行時如何用錢滾錢。當然，還會提醒你注意舉債的危險。你會發現，與其關心賺到的錢是多是少，還不如知道如何花錢和存錢來得重要。

◎ 花錢和存錢

　　當我領到第一份工作的第一筆薪水時，我興奮極了！那時候，我每小時賺 6.85 美元，每週工作 10 到 15 個小時，隔週（每 2 週）領一次薪水，所以一次的薪水在 120

到 180 美元之間。

　　我那時滿腦子想的都是所有我能買的衣服，以及如何能夠隨時隨地買下自己想要的東西。雖然不是眞的能夠這樣，但我最初就是這樣想的！等我意識到爲了那筆錢曾付出多少努力時，很快就停止這種想法了。我是收銀員，得花好幾個小時站著與煩躁的顧客打交道。我這樣做只是爲了把我的薪水花在衣服上嗎？喔不，謝謝！

　　我對自己的錢非常小心在意。我會記錄花了多少錢，並確保支出不會超過領一次薪水時的收入。我最大的恐懼是有一天去察看自己的帳戶時，發現餘額居然爲零！如果我把所有的錢都花在不需要的東西上，那麼就沒有錢買眞正需要的東西了，比如食物。這件事絕對有可能發生，這就是爲什麼存錢很重要。

　　某些時候，你要負責付自己的帳單，例如房租、電費、網路、手機、稅款等。如果你失業或無法工作，你要能夠在不依賴薪水的情況下把這些帳單付淸。這時，必須動用積蓄，也就是所謂的應急儲蓄。

　　存錢的另一個原因是用於大額消費。你是否看中了某

樣昂貴的物品，例如筆記型電腦，或畢業後出國旅行？這些支出都需要一些時間來儲蓄累積。

舉個例子：假設你想買一台價值 1,500 美元的筆記型電腦，而你的工資在扣稅後是每 2 週 300 美元，相當於每月賺 600 美元。如果買午餐和與朋友外出每週得花費 60 美元——每月 240 美元，這樣你每月可以節省：600 美元 – 240 美元 = 360 美元。

如果你每個月省下 360 美元，那就能夠在 4 個多月內（1,500 美元 ÷ 360 美元 = 4.167 個月）買下那台筆記型電腦！如果想要在 3 個月內就買下，該怎麼辦？你需要更積極地儲蓄；你得每週花更少的錢，甚至還可能需要加班。

在我十二年級的時候，學校的足球隊要去夏威夷參加錦標賽。許多隊友、包括我自己，有很長一段時間都為了存錢加班加點（我們在超過 1 年半以前就收到通知有這個比賽）。比賽結果是我們成為錦標賽中最差的球隊之一，輸掉了每一場比賽，但這仍然是一次令人難忘的愉快經歷。最後，我在那一次旅行上花光了所有積蓄，但是很值得！回想起來，我應該至少留下 100 美元，這樣銀行戶頭就不

會歸零了。

◎ 設定目標

　　設定財務目標很重要，不僅是給了你一個存錢的理由（而不是花個精光），還因為許多個人目標都與財務目標有關聯。舉例來說，如果你想成為一名更好的歌手，你可能會想聘請一位聲樂教練，這需要錢。隨著時間流逝，你的財務目標將變得越來越高，例如大學學費或買房子。

　　儲蓄目標的數字越高，所需的時間就越長。任何需要5年或更長時間才能實現的目標，都可被視為長期的財務目標。中期目標則是3到5年內的目標，例如，假設你現在是十年級，計畫在畢業後立即上大學或技術學校，那麼這項教育儲蓄算是中期目標。需要3年或更短時間就要能實現的目標稱為短期目標，我的夏威夷之行就是一個短期財務目標，因為我只有1年半的時間可以存錢。

　　確認你的財務目標需要多長的時間，這點很重要，因

爲這樣一來你才能決定是要儲蓄還是投資。短期目標的話，你要存錢；如果是長期目標，你要投資。在實現財務目標的同時，平衡日常支出也很重要。即使是想同時實現多個目標也一樣，這就是預算概念的來源。請繼續往下讀來了解怎麼設定目標。

你的目標是什麼？

讓我們規劃出你的財務目標！

	短期目標 （少於 3 年）	中期目標 （3 到 5 年）	長期目標 （5 年以上）
這目標需要多少錢？			
達成目標最晚的期限？			
有多少時間來存錢？			
每個月得存多少才能達標？			

以下是一個短期目標的例子：

目標：外縣市的足球邀請賽
預計所需金額：600 美元
什麼時候需要：202X 年 10 月 31 日
可儲蓄時間：6 個月
儲蓄時間表：6 個月中每月存 100 美元

成功的故事　紅髮艾德與巴菲特

　　你知道嗎？許多名人、運動員，甚至億萬富翁花錢都非常謹慎，並嚴格控制自己的預算？紅髮艾德‧希蘭（Ed Sheeran）在接受採訪時透露，他每個月給自己 1,000 美元的零用錢。顯然他把大部分錢花在了租車上！艾德把賺到的大部分錢都拿去投資了，他承認自己如果把所有的錢都留在帳戶裡，

他會把錢都花光光！

投資家華倫・巴菲特（Warren Buffett）是地球上最有錢的前十大富豪，但仍然住在他於 1958 年以 31,500 美元購買的房子裡！眾所周知，他過著非常節儉的生活。儘管他是億萬富翁，他在麥當勞等速食店吃飯、使用優惠券，而且穿的也不是名牌服裝。這兩人都投資了自己的財富，並設法讓自己變得更有錢。

◎ 編列預算

預算是一套系統，可以幫助你按收入來計畫支出。預算很重要，它能幫助你省錢、實現你的財務目標，並確保你不會超支⋯⋯或者更糟的是，到最後負債！

以下是三種很常見編列預算的方法。選一個，或者三種都試試，看看哪一個對你最有幫助。

■ 50／30／20 預算規則法

這套系統最簡單，因為它將你的稅後收入分配在三大基本類別中：

- 50% 用於需要。
- 30% 用於想要（娛樂消費）。
- 20% 用於儲蓄和預定的目標。

例如，你每月從打工中賺了 800 美元，你的預算表就可能是這樣：

收入：800 美元
50% 需要：400 美元 30% 想要：240 美元 20% 儲蓄：160 美元

50／30／20 預算規則只是關於如何分配收入的通則。如果你有更積極的目標，並希望儲蓄超過 20%，這可能行不通。對於這種情形，下一個方法可能會更好。

■ 零基預算法

　　這種方法比以前的系統更進一步，會將收入分配到特定類別。它之所以稱爲零基預算（zero-budgeting），是因爲所有收入都會編入，同時確保收入等於支出。如果你想密切追蹤你的開銷，那這個方法很好用。

　　它可能看起來像這樣：

收入：800 美元
需要：400 美元
手機電信費：60 美元
給父母的租金：200 美元
食品雜貨：140 美元
娛樂消費：220 美元
購物：50 美元
外食：120 美元
線上遊戲：50 美元
儲蓄：180 美元
旅遊：120 美元
應急儲蓄：60 美元

■ 先付給自己法

　　這是我最喜歡的方法，對我的學生和客戶也都非常有效。它優先考慮儲蓄和財務目標。通常人們在想到存錢之前，就已經把錢花在其他大大小小的事情上了。而這種方法保證每個月都有儲蓄。

　　首先，將開銷分為兩類：「固定開銷」和「變動費用」。所謂固定開銷，是指金額可以事先預料和會重複產生的花費，例如你的手機費、每個月的交通費，以及串流訂閱。你知道這些項目什麼時候要繳、也知道要繳多少，你的儲蓄和財務目標也算是固定開銷。而變動費用則難以預測，每月和每週都可能會發生變化，像是雜貨、外食和電影票之類的東西，會因為你想不想花錢而波動。

　　接下來，把收入分配給固定開銷，包括你的儲蓄和財務目標。然後把剩下的錢除以當月的週數（通常是 4 週），這些錢就當成零用錢，你想怎麼花就怎麼花。

　　這種方法編列出來的預算會長得像這樣：

收入：800 美元

固定開銷與儲蓄：440 美元
　給父母的租金：200 美元
　手機費：60 美元
　旅遊：120 美元
　儲蓄：60 美元
變動費用：360 美元
　每週零用錢：360 ÷ 4 = 90 美元

請務必定期修正你所編列的預算，以確保支出和儲蓄不會失控，尤其是當你的收入每個月不固定時更需要如此。

自我挑戰時間

1. 根據 50 ／ 30 ／ 20 預算規則，該如何劃分你的錢？

(a) 50% 需要，30% 想要，20% 儲蓄

(b) 50% 想要，30% 儲蓄，20% 需要

(c) 50% 儲蓄，30% 需要，20% 想要

2. 如果你想要密切監控所有支出，哪一種編列預算
　 的方法是最好的？
　 (a) 50 ／ 30 ／ 20 預算規則法
　 (b) 零基預算法
　 (c) 先付給自己法

3. 變動費用是：
　 (a) 價格可預期的
　 (b) 會重複發生的
　 (c) 不可預期且會變動的

4. 固定開銷是：
　 (a) 價格可預期且會重複發生的
　 (b) 不可預期的
　 (c) 高價位的

5. 如果擔心在想儲蓄前，自己就已經花光所有的錢，
　 那最好的預算編列的方法應該是：

(a) 50 ／ 30 ／ 20 預算規則法

(b) 零基預算法

(c) 先付給自己法

6. 編列預算很重要，因爲：

(a) 它能幫助你爲了目標理想而存錢

(b) 它能幫助你免於負債

(c) 以上皆是

答案：(1)a；(2)b；(3)c；(4)a；(5)c；(b)c。

◎ 把錢放銀行

在第一章時，我們討論了可以用來存放資金的各種機構：銀行、信用合作社和證券經紀公司。起初創立銀行是因爲人們需要一個安全的地方來存放他們的黃金，以便將來可以輕鬆取回。到後來，銀行家意識到，大多數人並不

經常取回他們的錢。因此，他們開始出借這筆錢，並向借
錢的人收取一筆費用，這稱為利息。將錢存在銀行的客戶
也會收到部分利息。

　　你可以在銀行開設兩個主要帳戶：支票存款帳戶和儲
蓄帳戶。

1. **支票存款帳戶**：這種帳戶最適合日常使用，例如提
　 款、線上支付帳單，以及使用連結這個帳戶的簽帳
　 金融卡購物。由於帳面上金額進出頻繁，因此在這
　 種帳戶上所獲得的利息非常少（如果有的話）。[05]
2. **儲蓄帳戶**：這種帳戶用於存放長期儲蓄的資金。你
　 可以把錢放在這裡賺一些利息，雖然不會很多，但
　 有總比沒有好！[06]

　　當人們不是把錢存入銀行時，他們會是向銀行借錢。

05　相當於台灣的「活期存款」。
06　相當於台灣的「定期存款」與「定期儲蓄存款」。

銀行爲客戶提供各種貸款服務，以便客戶更容易採購物品。其中很常見的借貸服務就是信用卡，信用卡不是支付現金或直接從你的儲蓄帳戶中扣款，而是讓你在實際付款之前就可以購買。信用卡讓人們在購物時更加輕鬆容易。

你的信用取決於你還錢的能力。如果你按時把借的錢全部還掉（通常是購買後 30 天內），則不用支付任何利息，這太棒了！但是，如果你沒有全部還完，就會變成向銀行借款，因此你必須爲所借的錢支付利息給銀行。在全額繳清之前，銀行會一直收取利息。

信用卡循環利率通常很高（每年大約 20% ！），銀行在第一次發卡時會提前告知這些資訊。按時並全額繳清，是向銀行表明你是值得信賴（信譽良好）的借款人。將來當你需要借錢購買金額更高的東西時（比如買房子），銀行可以給你更優惠的條件，比如較低的借款利率。

有些帳戶需要每個月支付帳戶管理費，但如果是學生身分的話，通常可以免除。同時擁有儲蓄帳戶和支票存款帳戶是理想的選擇，這樣就可以將儲蓄的錢與支出的錢分

開。如果你未滿 18 歲，則需要有成年人陪同才能開立這些帳戶。

金錢面面觀　留心卡債

舉債讓人們可以購買無法立即付款的物品，諸如房屋、大學學費或商業貸款之類的借款是好的，因為它們有對應的資產，意思是將來會有收益或回報。但當借款用於無法提供未來回報的事物時，尤其像是用信用卡購物，這可能會很危險。信用卡和貸款的恐佈之處在於，它們給人一種消費能力很強的錯覺。請時時刻刻記住，你的信用額度不是你每月的預算！

我是在大學校園被推銷而申請我的第一張信用卡。信用卡公司經常會給消費者一些好康的，比如免費的健身包，來吸引大家註冊，這樣就有可能按他們希望的背上一堆卡債！我 20 歲時就有 5,000 美

元的信用卡額度。到畢業時，我欠了一屁股卡債。
這可不是畢業後開始新生活的好方法！

◎ 坐收利息

把錢存在銀行的最大好處之一是有利息可賺。銀行
對於存放的資金，會以年收益率（annual percentage
yield，APY）的形式，支付一筆金額。年收益率決定你在
1 年到期時可能拿到多少利息。

例如，你在儲蓄帳戶中留有 1,000 美元，而銀行支付
0.5% 的年利率，1 年後你將有 1,005 美元。那麼，20 年
後呢？讓我們來看看兩種主要的利息類型及計算方式。

■ 單利

假設銀行支付你 3% 的年利率。注意：3% 對於儲蓄
帳戶來說算很高的，你不太可能收到那麼多，但我們拿它

來做說明。「本金」（principal）等於你原本存入銀行的金額，「n」為期數，在本例中以年來計算。

以單利考慮利息的話，要計算你儲蓄帳戶裡的錢所使用的公式如下：

$$本金 \times (1 + 利率 \times n) = 儲蓄帳戶總額$$

如果你存入美金 1,000 元，每年有 3% 的利息，那麼 1 年後你會有：

$$\$1,000 \times (1 + 0.03 \times 1) = \$1,030$$

20 年後，你存的錢則將會變成：

$$\$1,000 \times (1 + 0.03 \times 20)$$
$$= \$1,000 \times (1.6)$$
$$= \$1,600$$

經過 20 年，你賺到的利息是 600 美元。

你的存款成長曲線看起來會像下面這張圖：

以單利 3% 計算，本金 1,000 美元經過 20 年的成長曲線

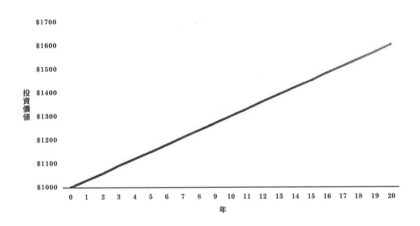

當你從儲蓄帳戶中賺到利息時，你可能不會把這筆錢從帳戶提出，至少我希望你不會！但單利的計算基礎就是如此：它「不會」把你賺到的再投資。理想情況下，你會希望把賺到的利息留在帳戶裡，並且以利滾利。這稱為「複利」（compound interest），我們將在下一節中介紹。

單利率通常用於計算個人貸款（personal loans）、
信貸額度（lines of credit）和抵押貸款等貸款，其中利息
只會根據初始本金計算。你會想要付最少的貸款利息，這
就要避免使用複利貸款，比如信用卡！

■ 複利

你會希望你存的錢是用複利來計算利息。換句話說，
你想利用已經賺到的錢再賺錢；但是當你付利息的時候，
你絕對不會希望它是用複利計算的。這種複利利息就是為
什麼如果人們只支付最低應繳金額的時候，需要很長時間
才能還清信用卡帳單！

再說一遍，本金是最初你存入的錢，「n」是期數。本例
中，一期是 1 年計。以複利計算的公式如下：

$$本金 \times (1 + 利率)^n = 帳戶總額$$

看起來有點難，但我們不需要自己動手算，在網路上簡
單搜尋「複利計算機」（compound interest calculator），

就可找到工具幫你算出結果。

　　如果將收到的所有利息（並將所有賺到的錢留在帳戶中）再繼續投資，並且每年維持 3% 的利率，20 年後 1,000 美元會變成：

$$\$1,000 \times (1 + 0.03)^{20} = \$1,806.11$$

　　答案是 20 年後賺到的利息為 806.11 美元，相比之下，如果沒有把賺到的利息進行再投資，單利計算的結果則為 600 美元。

$$兩者的差異有：\$806.11 - \$600 = \$206.11$$

　　你也許認為這看起來並不多，但是當你開始投資並收回更多錢時，將會有巨大的差距。

　　你的存款成長曲線看起來會像下面這張圖：

以複利率 3% 計算，本金 1,000 美元經過 20 年的成長曲線

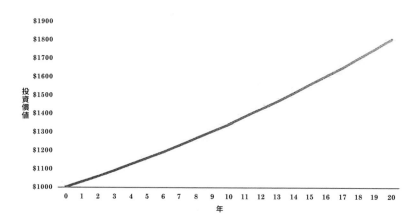

專家的小提示

　　設定自動存款，在你每次收到薪水時把錢存入你的儲蓄帳戶。舉例來說，如果你在每個月的 10 日和 25 日收到薪水，並且計畫每月存 100 美元，那麼請在每月的 11 日和 26 日，設定事先授權自動存款，將 50 美元存到你的儲蓄帳戶中。

第二章懶人包

你應該從本章解鎖了：

- 存錢的重要性
- 如何使用三種方法編列預算
- 如何設定財務目標
- 你可以在銀行或信用合作社開設的帳戶類型
- 債務的危險和什麼是好的債務
- 單利和複利的區別

第三章

給投資小白的入門課

當我們在第二章討論財務目標時，曾提到依時間的長短對目標進行分類很重要，因爲預留給長期目標的資金，應該與短期目標的資金分開處理。本章的重點是爲了長期目標的資金需求的投資。你將了解到什麼是投資、爲什麼它很重要，以及如何投資。

投資是一種以提供未來回報而運用金錢的方式。你可以投資房地產、企業、藝術品或任何會隨時間增值的事物。本章著重在介紹公司投資。我對於公司投資的描述是：你是在投資你的日常生活。

你買的任何東西，從餐廳吃的食物到身上穿的衣服，再到你使用的手機，都來自你每次花錢就有賺錢的公司。你可以透過購買一家公司的股票來投資這間公司，然後成爲它的小股東，這代表你有權獲得公司一部分的利潤。

◎ 為什麼要投資

猜猜誰是最富有的人？企業家、總經理和投資人是世

界上最富有的人。他們有什麼共同點？坐擁資產，如房地產或公司企業。他們之中有人除了擁有一家企業，還直接在裡頭工作；而有些人只是單純擁有多家企業。當你擁有一項資產時，比如一家企業，它的成功程度是沒有限制的，而利潤也可以是無限的。想像一下，如果能夠得到這些的話！

　　投資不僅可以賺很多錢，也是最簡單的賺錢方式之一。當你睡覺、上學和工作時，你的錢同時在增加。沒有必要向任何人推銷或出售任何東西，你的錢就會隨著生活而增加，它被稱為「被動式收入」（passive income）。想像一下擁有不只一種收入來源——你有自己的工作，並且你的投資也在為你賺錢。太棒了，對吧？開始投資的時間越早，資金成長的時間就越長，而實現長期目標所需的儲蓄也就會越少。

　　還記得我們討論過儲蓄帳戶的複利嗎？投資的工作方式與它相同！你把從投資中獲得的利潤再投資，那麼這筆利潤也會開始賺錢。對於投資而言，時間是最好的朋友，你開始的時間越早，你的財務狀況就會越好。你現在就可

以開始，即使是每月 10 或 20 美元也好。你只需要一個成
年人在投資過程中幫你一把。

成功的故事　珊慕

有一年，我去夏威夷旅行（在我成年後），遇
到了一位名叫珊慕（Sam）的女孩。她那時 24 歲，
剛搬到夏威夷，只因為她想每天衝浪！當我告訴她
我教人們如何以投資為生時，她告訴了我她的投資
故事。珊慕在小時候拿到父母給的零用錢時，就被
要求把一部分拿去投資。珊慕的爸爸會問她喜歡什
麼公司，然後就把錢投資到那些公司上。

到她 24 歲時，珊慕的投資已經增加到 25,000
美元！她覺得經濟上已有足夠的保障，因此辭去了
在科羅拉多州的全職工作，搬到夏威夷開始新的生
活。珊慕非常感謝她的父母在她還很小的時候就幫
她投資。

◎ 風險與報酬

金融界有句話叫「天下沒有白吃的午餐」。別誤會，這跟食物沒有關係！這是說你想做任何事情，總是要付出代價。在投資界，這個代價就是風險：也就是賠錢的可能性。如果你不冒險就沒有回報，你承擔的風險越大，潛在的回報就越高。這就是我們說天下沒有白吃午餐的意思。你不可能白白得到任何東西，不管它們是免費午餐還是高額報酬。

如果你遇到某事或某人承諾，能以極低的風險拿回極高的報酬，那很有可能是詐騙集團。請當心這類騙局，因為事情一旦涉及金錢，就有很多詐騙高手出現，有人在被騙之後失去了畢生積蓄。如果天底下有太夢幻的好事，那它大概就是詐騙了。

好吧，如果風險是賠錢的話，那為什麼有人甘願冒險呢？為什麼就算賠錢也想去做？原因有二：

1. 有一些方法可以管理風險，這樣你就不會損失所有的錢（我們稍後會討論）。

2. 不冒險就賺不到錢！

■ 低風險

我曾經看到一個女孩的部落格，這裡姑且稱她為珍（Jane），她記錄了自己的投資經歷。珍 16 歲時，她和媽媽一起去銀行，要用她存下的錢投資。當行員問她：「你願意用你的錢冒多大的風險？」珍本能地回答：「不要風險。我一毛錢都不想損失。」

多年以後，當珍看到她的投資時，不明白為什麼錢並沒有真正增加。在自行研究原因之後，她意識到自己投資的是風險非常低的債券商品（bonds）。由於債券風險低，珍 10 多年來幾乎沒有賺到錢。

珍當然很失望，不僅僅是她投資的錢回報少得可憐，而且她還以為這筆投資會幫未來的自己一個忙。不過，這並沒有真的傷害到她，因為實質上她並沒有賠錢，問題只是沒有如她想像那樣賺到很多錢，而且 10 年的投資時間就這麼荒廢了。好在當她意識到這一點時還很年輕，還有幾十年的時間等著她去投資。

債券是低風險商品的例子。你不會賺很多錢，但也不至於虧很多。

■ 高風險

還記得我之前談到世界上最有錢的人嗎？這些投資人是透過承擔風險而取得成功的。企業家將他們的時間、精力，甚至一生的積蓄投入到他們的企業中，而且擁有自己企業的股票。

但有些企業成功了，有些則沒有。投資股票被認為是高風險（高於債券），因為如果一家企業經營不善，它可能會破產，而投資這些企業的人也因此會賠錢。然而，如果公司的生意做起來了，利潤將會是無限的！較高的風險意味著較高的回報。

◎ 風險與回報

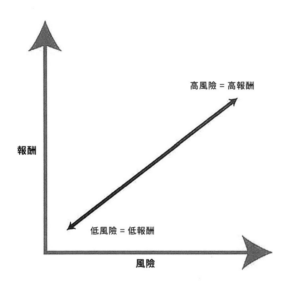

■ 風險容忍度

在我多年觀察人們投資組合的過程中，我發現一般人犯的最大錯誤之一，就是沒有承擔足夠的風險。有超級多像珍一樣的人——他們在不知不覺中透露自己鄙視風險，最終選擇了低風險投資，而他們的收益當然也很少。沒有承擔足夠的風險本身就是一種風險。人們僅僅因爲誤解風

險就錯失了回報。話說回來，你「應該」冒多大的風險呢？

　　決定風險承擔能力的主要因素之一，是你的「年齡」。你投資的時間越早，就有越長的時間讓投資成長，你可以承擔的風險就越大。因為如果你的投資出錯，比如說它們的價值暫時下降，也還會有恢復的時間。

　　當你投資某些公司時，這些公司需要時間才能成長。當公司發布新產品或擴張計畫時，收益會變多，但這需要時間醞釀。投資人可能很長一段時間都看不到金錢報酬，這就是為什麼應該只投入保留給長期目標的資金。

　　在短期的時間內，股價可能會下跌。如果你需要快速變現，虧本脫手股票是下下策。所以你要問自己的另一個問題是：「要是損失這筆錢，我能承受得起嗎？」如果答案是否定的，不管是因為你急著用錢，或只是覺得不太安心，你的風險承受能力將會降低。為了錢而睡不好覺是最糟的事！

■ 流動性

　　儲蓄帳戶中的錢可以在需要時隨時提領出來，這種隨

要隨領的能力稱爲流動性，用來衡量投資轉成現金的難易程度。現金是最具流動性的資產，因爲它本身就已經是現金了！

當你要確定某一項投資的流動性時，想想看它能多快換成現金。如果難度越高且所需時間越長，那它的流動性就越差。例如，住屋和房地產可以說不具流動性。如果你要把房子賣掉，則必須掛牌出售、找到願意出價的買家等。這可能是一個非常漫長的過程，並且到售出之前，也許有好幾個月看不到現金入袋！

你想快速變現的需求，也會影響你的風險承擔能力和投資。

你的風險承擔能力如何？

讓我們透過以下一些問題，決定你的風險承受能力如何：

1. 如果你的投資有可能從 500 美元成長到 900 美元，但也有可能從 500 美元縮減到 300 美元，你會覺得還好嗎？

   (a) 可以接受
   (b) 不能接受

2. 如果你投資高風險的商品，比如股票，你是否準備好在投資失敗時血本無歸？

   (a) 可以接受
   (b) 不能接受

3. 你可以接受長時間（5 年以上）不碰不管你的投資嗎？

(a) 可以接受

(b) 不能接受

4.離你想要實現的目標期限是否還有 5 年以上？

(a) 是

(b) 不是

如果你的答案有 3 個以上的 (a)，那麼你有高度的風險承受能力。

如果你的答案各 2 個 (a) 與 2 個 (b)，那麼你有中等的風險承受能力。

如果你的答案有 3 個以上的 (b)，那麼你的風險承受能力是比較低的。

金錢面面觀　存錢上大學

　　你可能將會做出的最大財務決定（和投資）之一，是你的大學教育。根據你上哪所大學的不同，學費（學分費）的花費也會有所不同。不過，學費並不是唯一的大學費用，其他需要考慮的費用還有

- 書籍費用
- 生活費用，如住屋／租金、食物
- 就學貸款的利息，因為你可能是借錢來讀大學

　　把這些零零總總加起來的話，上大學的費用不是一筆小數目。根據美國教育資料倡議（Education Data Initiative），美國的平均學費為每年 35,331 美元。假設要讀 4 年，那就是 141,324 美元。這還不包括書籍或食宿費！這個數字一直在上漲，而且還會繼續漲！[07]

07　根據教育部 2018 年的統計，台灣的大學學雜費每年約為新台幣 58,728 元（公立）、109,944 元（私立）。資料來源：https://stats.moe.gov.tw/files/important/OVERVIEW_N06.pdf。

為了分攤大學費用而存錢投資是明智的財務決定。你的投資風險等級取決於你何時上大學，以及何時開始為它投資。越快需要獲得大學資金，那你為教育投資的風險承擔能力就越低。

◎ 投資功課自己做

這世界有成千上萬家你可以投資的公司，但並不是所有的公司都會成功、都能成為那個領域的翹楚，或者永遠處於頂峰！既然有這麼多公司可以選，在投資之前好好研究很重要。畢竟這是你辛苦賺來的錢，所以你會希望錢確實得到妥善地運用！

如果你自己做過研究，當股市波動、股價下跌時，你會知道堅持這些投資的理由，而不會因為害怕恐慌而拋售。許多投資人的虧損就是這樣來的。

■ 投資前要考慮的幾項因素

選擇公司的好處是過程可以非常簡單：就從你已經知道的公司開始。在投資公司之前，你應該考慮以下五個主要因素：

1. **了解它的商業模式：** 熟悉產品本身或品牌是一回事，但公司是如何賺錢的？顧客多久回購一次？能擁有回頭客商業模式的公司是個好典範。

   想一想你自己或你們家按月要繳款的公司：軟體訂閱、手機或電視串流媒體服務。要求顧客每月付款的企業（訂閱制模式）很棒，因為他們的營收（收入）是經常性而且可以預測的，這在公司的年度報告中可查詢相關訊息。這個報告通常可以在公司網站底部的選項「投資人關係」（Investor Relations）下找到。

2. **競爭對手：** 公司之所以能夠生存，是因為它們有能力保護自己的獲利，避免受到競爭對手的侵蝕。

你也可以在年度報告中找到競爭對手的資訊。寫下這些競爭對手，並思考這些競爭對手是否有機會挖牆腳「偷走」公司的顧客。能在競爭環境中受到妥善保護的公司具有以下特徵：

- 它所提供的獨特產品，人們願意花大錢購買（想想那些又貴品質又好的名牌貨）
- 即使競爭對手提供的產品價格較低，顧客也不願意轉向競爭對手。

3. **營收成長：**公司營收在過去 5 年中是否持續成長？更重要的是，它會繼續成長嗎？你可以在各種金融網站或公司的「財務報表」（financial statements）（也位於「投資人關係」下）中找到相關訊息，特別是損益報告（profit and loss，P&L），也稱為「損益表」（income statements）。發給投資人的財務報表每季（即每 3 個月）發布一次。當公司報告其第四季度業績時，還會提供全年度的摘要（年度財

務報表）。

4. 毛利率（gross margin）：在計入材料和人工成本後，一家公司從它的產品賺了多少？

試想如果一家公司賣遊艇，每艘要價美金 8,000 元。遊艇是在印尼製造，直接生產成本包括：

- 原料
- 勞動力成本
- 運輸成品的船隻
- 倉儲

如果每艘遊艇的直接生產成本是 3,000 美元，每艘船的獲利（profit margin，扣除直接成本後的利潤）為：8,000 美元 –3,000 美元 =5,000 美元。

那麼，每艘船的毛利率計算是獲利除以每艘船的售價：

$5,000（獲利）÷ $8,000（售價）＝ 62.5%

尋找毛利率高的公司，並拿競爭對手的數字來比較。毛利率越高越好！

5. **收入（淨收入，net income）**：公司有獲利嗎？在考慮企業的直接成本之後，還有其他費用：間接成本（indirect costs）。

接續遊艇的例子，間接成本包含：

• 行銷和銷售
• 辦公室租金
• 員工薪水
• 基本開銷
• 課稅

假設在的 2021 年：

• 公司賣出 1,000 艘遊艇，所以有 $8,000,000 美

元的營業額。

- 總直接成本為 $3,000,000 美元。
- 總間接成本為 $2,950,000 美元。

因此，公司產生的利潤為：

$$\$8,000,000 - \$3,000,000 - \$2,950,000$$
$$= \$2,050,000$$

所以這家公司有賺錢！這時候就要問自己，這家公司能否持續獲利（這邊指的是淨利）？不管是因為賣出更多的遊艇，或是提高售價都可以。

■ 功課還沒完！

一旦你對一家公司投入初始資金，就應該持續密切關注它，以確保它的收入和獲利穩定成長。基本上，你要確保公司確實按照它們所說的去做。

至於會不會出現短期的問題？絕對有可能！沒有一

家企業是完美的，但只要企業沒有發生根本性的變化，亦即那些任何對它們未來的產品或服務產生負面永久影響的事，並且還能防止競爭對手竊取事業版圖，那麼它就應該能夠生存和發展下去！

專家的小提示

　　投資你所知道的企業。世界上最好的投資人都會說，你要了解並喜愛你正在研究的東西。想一想你喜歡什麼、穿什麼、使用什麼產品以及生活周遭的事物。然後列出生產這些產品的公司作為起點。

蒐集資料

利用下面的表格記錄你的投資研究。

1. 選一家你有興趣的公司。

2. 到公司網站的網頁最下方，找到「投資人關係」或是「投資人資訊」的連結。

3. 找到公司最近的年度報告。你還可以看看投資人簡報（Investor Representation），這是很好的公司簡介，企業如何創造業績以及它們的競爭對手是誰都可以在這裡看到。

4. 瀏覽公司過去的損益表。這個可以在金融網站或 EDGAR（Electronic Data Gathering, Analysis, and Retrieval System，電子化數據收集、分析及檢索系統）上找到。EDGAR 是美國政府的網站，網站每季都會揭露所有財務報表，包括年度報告。[08]

08　台灣企業的相關資料可至「公開資訊觀測站」（https://mops.twse.com.tw/mops/web/index）中搜尋。

5. 在表格中，寫下公司過去 5 年的收益、毛利率和淨收入表現，從中找到成長模式。在理想情況下，這些數字會隨著時間改善。

6. 做出決定。對於這家公司，你有信心至少在未來 10 年或 20 年內仍然會存在嗎？

公司名稱：	2019	2020	2021	2022	2023
營收（$）					
年營收成長率（%）					
毛利（$）					
毛利率（%）					
淨收入（$）					
淨收入成長率（%）					

你有看出任何不管是收入、毛利率，還是淨收入的成長模式嗎？如果有，那麼你就挖到寶了！

◎ **投資你的價值觀**

當你投資一家公司時，你就跟許多其他人一起成爲這間公司的所有者，把它想像成是從一塊大餅拿走了一小片。當你擁有一家公司的一部分，你就成爲了「股東」（shareholder），而身爲股東就表示你選擇支持公司的使命、價值觀以及開展業務的方式，不管是好是壞都是如此。

例如，你可能會研究一家服裝公司，然後發現它在開發中國家消耗大量的水和能源，以及勞動力，因爲那裡的成本很低。你對於它們留下的環境足跡或它們的勞工待遇不太高興，如果這家公司不符合你的價值觀，你也許會選擇不去支持它們，而這種不支持的態度包括你是否對它們進行投資。如今，投資人對公司的要求越來越高，鼓勵它們不僅僅關注利潤，還要考慮經營企業時對環境和社會的影響。

當你要選擇符合自己價值觀的公司時，首先篩選出你感興趣的公司。在深入研究公司的財務報表之前，可以先看看公司的網站，一直拉到網頁最底端，尋找與永續性、

社會影響、包容性、多樣性、文化等相關的訊息。這些訊息也可能出現在公司的投資人簡報中。找出公司所支持的事項，以及這些內容是否符合你的價值觀。在尋找要投資的公司時，這是你要做的功課之一。

在研究的過程中，可能會篩出你無法接受的公司。例如，某一些公司開採化石燃料，你可能會決定不想直接支持它們，甚至可能會遠離整個產業。如今，賺取巨額利潤並不是唯一的優先事項。投資業已經發展出一種把解決環境影響、社會責任和良好治理納入評估的投資策略。

■ ESG 投資

ESG（environmental, social, and governance，環境保護、社會責任和公司治理）投資是一種策略，除了要為投資人創造利潤外，還會考量公司解決這些問題的能力。企業由金融公司評等，這個評等讓企業對自己的行為負責，並確保它們按照所說的去做，以產生正面的影響。

環境保護議題包括這一家公司產生了多少溫室氣體和廢物、使用了多少水和自然資源，以及任何其他會留下環

境足跡的事物。社會責任議題則涉及與這間企業相關的大
眾福祉，包括它們雇用的員工（是否具有包容性、多元化
和公平性？）以及受到企業營運所影響的社群。薪資公平
性和產品對人們的影響，也是社會責任所考慮的一環。

　　公司治理則涉及公司的道德規範，包括公司高階主管
如何獲得報酬、在遊說政黨上花費多少、腐敗和賄賂的發
生率、董事會獨立且真正代表投資人的程度，以及向投資
人報告公司績效時，在管理面上所呈現的透明度。

　　這些因素很重要，因為企業可能會財大氣粗而得意忘
形，只關心利潤而沒有考慮太多對人類和環境的影響。良
好的公司治理一旦建立，能確保投資人受到保護而不是被
欺騙，例如我們過去在安隆公司（Enron）所看到的那樣。[09]

09　安隆公司在 2001 年底分別在歐洲及美國申請破產，並隨即遣散所有的員
　　工。除了員工受到影響外，會計界的一大龍頭公司安達信會計師事務所
　　（Arthur Anderson），因幫助安隆隱瞞財務真相而被吊銷執照，安隆前行
　　政總裁則因此被判刑 24 年 4 個月。

第三章懶人包

你應該從本章解鎖了：

● 爲什麼投資且儘早開始是聰明的財務決定

● 投資的風險和回報

● 如何確認你的風險承擔能力

● 如何著手研究你想要投資的公司

● 如何投資符合你價值觀的公司

第四章

低風險投資的下剋上

　　還記得我說過天下沒有白吃的午餐嗎？當我們承擔巨大風險時，可以獲得較高的回報；如果我們投資低風險的東西，那得到的回報就會比較低。本章的重點在介紹各種現有的低風險產品。它們很重要，因為低風險投資的主要目的是在賺取小額收益的同時，也保護你的資本（capital，有價值的東西，如金錢）。正如我們先前所討論的，如果你越快需要錢，那投資於低風險產品是比較好的選擇。

　　在低風險投資類別中，不同項目存在不同程度的風險。我們將詳細探討每項投資：國庫券（treasury bills）、定期存單（certificates of deposit，CD）和公司債（corporate bonds）。並提供每項投資的風險等級，風險等級 1 最低，10 最高。

◎ 國庫券

風險等級 1

　　你所能進行最低風險的投資是把錢借給政府。政府舉債用來資助公共計畫，如修路和設立學校。借錢給政府的回報是你將賺到利息，並且你的原始投資（本金）會在未來的某個設定點（到期日）贖回，僅此而已。它也被稱為債券。

　　美國國庫券被認為是最安全的投資之一是因為：

- 有美國政府幫忙背書，所以你的本金保證可以收回。
- 通常為 1 年到期或更短。
- 可免除美國的州稅和地方稅（但不包括聯邦稅）。
- 你可以隨時出售國庫券來變現，這讓國庫券成為流動性很好的投資。

　　因為國庫券風險低，所以利率也很低。它之所以風險低的因素是：

1. **零違約風險（Zero default risk）**：美國政府百分之百保證會收回本金和利息。

2. **到期日（maturity）**：等待收回本金的時間越長，借款人面臨的風險就越大；因此，你可以期望有較高的利率。長期的國庫券就提供較高的利率。

發行國庫券時，它們會以面值折扣價出售。面值是到期時依約贖回的金額，有可能低至 100 美元。折扣購買的價格與票面價值之間的差額，就是投資人賺到的利息。例如，當你購買 1,000 美元的國庫券時，你可能是以 950 美元的價格買入，即面值折扣價。當它到期時，你將收到 1,000 美元的足額面值。這 50 美元的差額就是你賺到的利息。

成功的故事　經濟衰退時的贏家

　　到目前為止，我的人生已經歷了三次經濟大衰退：2000 年網路公司的泡沫破滅、2008 年的金融海嘯，和 2020 年的新冠病毒大流行。數百萬人失業、公司破產、股價暴跌，同時人們的生活也陷入困境。投資人損失慘重，在 2008 年金融海嘯時的損失高達 40%。在這些時期，最大的風險是將 100% 資金投入股票市場。

　　那些只投資於美國國債或抱著定期存單的人則完全逃過這些重大虧損（除非他們的定期存單是放在破產的銀行裡），就連那些只把一部分投資組合放在低風險投資商品的人損失也比較少。這兩組人都被認為是贏家，因為在這樣的時期，人們往往會轉向本章討論的低風險投資。最後，這些低風險投資商品的價格也在需求增加的情勢下被推高了。

◎ 定期存單

1 2 3 4 5 6 7 8 9 10　**風險等級 2**

　　另一種會付你利息的投資是定期存單。它們類似於國庫券，但定期存單是由銀行和信用合作社發行的。當你把錢存入銀行帳戶時，基本上是借錢給銀行。記住，銀行的功能是提供貸款和儲存貨幣存款。存的錢越多，銀行能借出的錢也就越多！

　　對於定期存單，銀行或信用合作社給出的利率比普通儲蓄帳戶更高，因為在存款到期之前，你必須將錢一直放在銀行。相當於你的錢被鎖住了一段固定的時間，如果你想提前領取便構成「違約」，通常代價是損失部分利息。

　　你可以選擇期限從 3 個月到 5 年不等的定期存單（甚至 10 年，但這對你的錢來說，不是很好的使用方式）。[10]

10　在台灣，定期存款的期限通常從 1 個月至 3 年。

定期存單會被認為是低風險的投資，原因在於：

- 除了得到利息之外，還保證本金拿得回來。
- 它們有好的流動性，當然是如果贖回定期存單時，沒有罰款或手續費的話。
- 定期存單的到期日長短不一，有短期也有長期。

請注意，這裡的「違約風險」（default risk）略高於國庫券，因為銀行可能倒閉而無法償還債務，而美國政府在整個歷史上從未違約過債務。擔保的好壞是看發行人，在這種情況下，銀行存款通常是安全的。

定期存單通常有最低存款要求，而利息可能是每月、每季、每年或到期時支付，這根據銀行或信用合作社發行的定期存單而有所不同。

■ 如何購買定期存單

關於定期存單，其實就像是在每家銀行和信用合作社購買商品，看看哪一家提供最高利率。每家銀行或信用合作社的網站都有關於它們所提供的定期存單訊息，例如：

- 將獲得多少利息，以年收益率表示
- 提供各種不同的到期期限（6 個月、2 年、5 年等）
- 何時會收到利息（每月、每季、每年等）
- 提前解約的違約金額
- 最低存款要求
- 任何的管理費

　　你可以查一查提供比較全國最高定期存單利率的部落格，但榜上名單可能僅限於大銀行。也許你住的附近有一家信用合作社沒被列出，但能提供很好的定期存單利率。如果你未滿 18 歲而想投資定期存單，會需要一名成年人協助完成手續。

購買定期存單？

定期存單是存放資金最安全的地方之一，因此它們可以被視為短期保護資金的工具，同時又能讓你賺到比儲蓄帳戶更多一點的利息。

上網搜尋你能找到的最佳定期存單利率，包括你所在當地的任何信用合作社，以確保能拿到最優惠的利率。記住，在一定期限內，你不能動用存入定期存單的任何錢。如果動用，你可能要支付違約金。

銀行／信用合作社	利率 （年收益率）	定期存單的期數 （6 個月）

◎ 什麼是信用評等？

隨便一個陌生人向你借錢、你最好的朋友向你借錢，兩者之間，你更相信誰會還錢？很顯然，應該是你最好的朋友（我希望如此），因為你了解並信任他們。但是，當你借錢給一家機構時，你該怎麼評估它們呢？

信用評級機構以財務實力評估公司和政府。它們會給公司一個等級，通稱為信用評等，用以決定公司在按時支付利息和本金還款方面的可信度。標普全球評等（S&P Global Ratings）、穆迪信評（Moody's）、DBRS 晨星（DBRS Morningstar）和惠譽集團（Fitch Group）是四大主要的信評機構，每個機構都有自己的評級系統。

下一頁是四個機構的評級系統摘要。等級越高，風險越低，投資人預期的回報也越低。中間的虛線將債務分為兩類：投資級債券（低風險）和高收益債券（高風險）。

	S&P 標普	Fitch 惠譽	Moody's 穆迪	DBRS 晨星
投資級債券	AAA	AAA	Aaa	AAA
	AA+	AA+	Aa1	AA（高）
	AA	AA	Aa2	AA
	AA-	AA-	Aa3	AA（低）
	A+	A+	A1	A（高）
低風險 低回報	A	A	A2	A
	A-	A-	A3	A（低）
	BBB+	BBB+	Baa1	BBB（高）
	BBB	BBB	Baa2	BBB
	BBB-	BBB-	Baa3	BBB（低）
高收益債券	BB+	BB+	Ba1	BB（高）
	BB	BB	Ba2	BB
	BB-	BB-	Ba3	BB（低）
	B+	B+	B1	B（高）
	B	B	B2	B
高風險 高回報	B-	B-	B3	B（低）
	CCC+	CCC+	Caa1	CCC（高）
	CCC	CCC	Caa2	CCC
	CCC-	CCC-	Caa3	CCC（低）
	D	D		D

金錢面面觀 應該在什麼時候投資債券？

　　我在第三章中曾簡短提到，債券與股票相比，是低風險、低回報的投資，這是因爲債券是一種債務證券，投資人期望在到期時支付利息和本金，僅此而已。債券，包括短期國庫券和定期存單，是一種債務證券形式，它們所給的回報是可預測的，但沒那麼令人興奮。那你可能會問，爲什麼還有人要投資它們呢？

在以下情形下，債券是不錯的選擇：

- 你想要有錢進來，而且也願意犧牲投資成長的機會（還記得珍嗎？她不知道自己正在犧牲成長機會）。請記住，債券的收益是無法趕上投資股票的獲利。

- 你不希望你的投資組合價值隨著股市起伏而有太大的震盪。這個過程稱爲波動性。

◎ 投資級債券

`1` `2` `3` `4` `5` `6` `7` `8` `9` `10` **風險等級 3**

你知道有些公司的信用評級比美國政府高嗎？這是眞的！評等會隨時間變動調整。美國政府並不總是處於 AA+（第二高評級）。它在 2011 年曾因爲其高債務水平，從 AAA 評級往下調降。不過不用擔心，因爲美國政府擁有的貨幣是無限的。這是怎麼辦到的？

每個人的借款都有上限，包括美國政府也差不多也是如此。允許美國政府所能借款的最高金額是由「債務上限」決定的，這是透過債券可以借到的最高金額。但是，美國政府同時又自己操控這個債務上限可以是多少！美國政府過去曾爲了繼續向世界各地的投資人借錢（發行債券），多次調高債務上限。這就是美國政府的債務過去從未違約的原因（縱使一度接近違約，但仍沒有發生）。

同樣的道理，一些公司也被認爲非常安全可靠，而且就像政府一樣可能了無新意。這樣的公司不是一般在社交媒體上受到吹捧、嶄露頭角的高成長型公司。這類高評級

的公司基本上沒有什麼讓人血脈賁張的事，因為它們的高
成長期已經結束，進入成熟穩定階段，成為財務實力雄厚
的實體，同時具備：

- 獲利能力足以為它的債務甚至對股權投資人提供可
  預測的收入來源。
- 不太可能付不出款項。
- 艱困時期撐得過去。

因此，公司可以利用高信用評級借錢，為它們的計畫
募資，並且以低利率支付利息給債務投資人。

■ 如何開始投資債券

投資債券的最佳方式是同時投資一大堆債券，而不
是僅限一家公司發行的一種債券，這就是投資基金公司
（funds）[11] 興起的來源。基金公司相當於一個資金池，用
來投資數百甚至數千家公司。它們可以是股票、債券或兩

11　台灣也有人用「投信」一詞，即證券投資信託公司的簡稱。

者兼有。一個債券基金（bond fund）可能包含來自不同公司或不同層級政府（如美國的聯邦、州和市政府）所發行的投資級債券，債券類型更是有上百種。

　　當你考慮投資債券時，請注意配息（coupon，你會賺到的潛在利息）。債券基金網站上公布的訊息會顯示你可預期獲得的平均配息。記住，在購買投資商品時，要有成年人幫你開立投資帳戶。

專家的小提示

　　不要因為我們介紹了各種類型的投資標的，就覺得你要什麼都投資！你可能只對個別幾家公司感興趣，因為承擔得起投資它們帶來的風險。另一方面，如果高風險投資會讓你整晚都睡不著覺，那麼試著把這些低風險投資加到你的投資組合，也是個好選擇。

◎ 高收益債券

`1` `2` `3` `4` `5` `6` `7` `8` `9` `10`　**風險等級 5**

　　我們正在往上攀爬風險階梯！現在我們來看信用評等圖表中分隔線以下的債券：高收益債券。顧名思義，這些債券比投資級債券的回報率來得高，因為發行它們的公司具有較高的風險取向，但相對於下一章中的投資選擇，高收益債券仍然被認為是低風險的。

　　這些類型的債券具有高違約風險，因為：
- 它們不那麼穩定和高獲利。
- 它們沒有信用紀錄。這些公司是第一次發行債券，因此無法判斷它們是否會按時付款。

　　由於存在這些風險，必須用更高的配息率補償投資人。

　　當我在投資銀行工作時，我參與了一項交易，要幫助一家礦業開發公司的黃金開採發展計畫籌集1億美元債券。

這家公司具有高風險取向，因為：

- 公司的收入為零，因為公司花了數年時間尋找黃金並制定開採計畫。
- 公司在賣出第一批黃金之前，還需要幾年的時間來建構這項計畫。
- 這項建設計畫存在著風險，例如時程延誤、資金用罄，以及潛在的勞動力問題等。
- 黃金價格是由市場決定。

由於該公司的高風險狀況，它所發行的 1,000 美元債券，年息接近 14%。此外，在債券到期贖回時，還會給投資人額外 50 美元，比原本面值還要高（即 1,050 美元）！

請記住，公司的財務狀況會隨著時間而變化，因此公司的信用評級也不是一成不變的。

■ 明日之星

有些公司可能是首次發行債券（比如我提到的那家黃金開採公司），所以沒有辦法評估它的信用程度。公司無

法向投資人證明自己會按時償還債務。一家公司即使財務
實力雄厚、收入和獲利能力再好，如果沒有信用紀錄，投
資人照樣會要求更高的收益率。公司必須先累積信用經歷，
然後才能獲得更好的評級。

　　一家朝著良好方向發展、有高成長潛力的公司能夠吸
引投資人。久而久之，當公司有能力證明自己可以按時付
款並繼續成長（公司和利潤）時，它的信用評級就會提高。
因為這類公司能夠攀過信用評級的分隔線，所以才叫明日
之星。

■ 墮落天使

　　顧名思義，這些公司的信評曾經是投資級（分隔線以
上），但後來因為財務狀況的穩定性發生變化而被降級。
收入下降或其他可能阻礙履行債務能力的財務問題，都足
以導致信用評等機構調降它的評級。

　　舉例來說，X 公司曾經雄霸整個市場、走過 10 年穩定
期，也為股東賺了巨額利潤，標普評級為 A。但最後，競
爭對手 Y 公司進入市場，並開始用新技術瓜分市場。幾年

下來，X 公司隨著收入萎縮和缺乏具競爭性的創新，公司利潤受到了影響。在 X 公司的前途看來不太妙的情況下，標普把它的評級從 A- 下調至 BB。現在，當 X 公司想要發行債券時，將不得不付出較高的票面利率。

■ 垃圾債券

當一家公司被說成是發行垃圾債券時，並不表示它就是垃圾！被稱爲垃圾債券只是因爲它們不是投資等級，所以這些公司都落在分隔線以下，搭配不同的位階和名稱，這就是爲什麼會有像明日之星與墮落天使這樣的名字誕生。垃圾債券違約的風險很高，因此它們的收益率也很高，有助於減輕投資人的風險。

■ 如何開始投資高收益債券

就像投資級債券一樣，投資高收益債券最簡單的方法是透過基金。當你研究債券基金時，從它們的名稱就可以分辨出是高收益債券還是投資級債券。

　　投資於基金而不只是個別債券或股票的美妙之處在於多元化，亦即讓你的資金分散在許多不同的地方。透過投資基金因而接觸數百種不同類型的債券，即使有幾家公司拖欠付款，你也不會血本無歸。對於資金沒那麼多的投資人而言，債券基金也更容易入門，因為發行債券的公司可能要求 1,000 美元或更高的最低金額，而不像債券基金，有些甚至沒有最低金額的限制。

　　評估一下這些是否適合你的投資組合。就如前面一再提到的，在你決定投資之前，要先問一下成年人可否協助你完成整個過程。

決定放多少資金在債券上

　　讓我們計算一下在你的投資組合中加入債券會有什麼結果！假設你將 50% 的資金投資在平均每年配息 2.5% 的債券，並將另外 50% 拿去買股票，同時假設你可以在股票市場上獲得 10% 的潛在回報。套用這種投資策略的結果是，你每年平均預計可賺到 (10 + 2.5) ÷ 2 = 6.25% 的收益。還有另一種情況是，如果你把 100% 的資金投入股市，你將會有 10% 的收益。

　　現在假設股市表現很差，你的收益只有 –5% 這表示今年虧錢了。如果你將 50% 的投資組合投資於債券，你仍然可以拿到 2.5% 的配息。如果我們把投資股票的損失與債券的收益平均起來，你的整體投資組合只會虧 1.25%。相較之下，如果你把資金 100% 投入股市，就虧了 5%。像這樣，你會願意為了安全而犧牲成長嗎？你能夠容忍股市有可能隨時會下跌嗎？照我們上面所做的那樣算一算，看看你願意容忍什麼樣的結果。

第四章懶人包

你應該從本章解鎖了：

● 什麼時候你的投資組合需要低風險投資

● 什麼是國庫券，以及為什麼它們是沒有風險的

● 什麼是定期存單，以及它們的用途

● 什麼是信用評級，以及由哪些機構提供

● 投資級和高收益債券之間的區別

第五章
歡迎來到高風險投資的領域

你曾想去做、縱使後來因為害怕而退縮了的最可怕的事情是什麼？也許你想參加籃球校隊的試訓，但結果沒有去，因為覺得自己不夠高。又或者，你可能想找你喜歡的人出去約會，但又不想被拒絕，結果現在他們正在和別人約會！

你看，無論過程多麼可怕，不敢冒險會如何影響正向光明的結果？想像一下，你參加了球隊試訓，現在正在先發陣容當中；你約了暗戀對象，現在你們正在約會。投資也不例外，在你承擔風險的同時，會帶來豐厚的回報。

本章將重點介紹高風險投資，特別是不同類型的股權：上市公司股票、私募股權、房地產和天使投資。跟上一章一樣，會將每項投資給予不同的風險等級——1 是最低風險，10 是最高風險。讓我們從股票開始。

◎ 股票市場

`1` `2` `3` `4` `5` `6` `7` `8` `9` `10` **風險等級 6－8**

如果你曾在紐約、洛杉磯或倫敦等大城市的市中心散步，你可能會注意到很多西裝筆挺、滑著手機的成功人士（大部分是男性）走路速度超快的。他們很可能從事金融業。這景象在紐約證券交易所（New York Stock Exchange）所在的曼哈頓華爾街（Wall Street in Manhattan）很常見，這裡可是世界上最大的金融中心之一。

我們接著要看的是華爾街的兩個常見功能：為投資人操作股票交易和為公司募集資金。但首先，什麼是股票，又什麼是股票市場？

1. **股票**：股票代表一部分的公司所有權。當我們談論股票投資時，指的是公開交易的公司（上市公司）的股票。公開交易的公司擁有一般大眾能買賣的股票，一般大眾就像你、我和其他地球上的任何人一

樣；另一方面，私人公司（未上市公司）的股票則無法被一般人買賣與持有。當你投資股票時，就等於擁有一家公司的股分。舉個例子，如果你購買 ABC 公司的 1 股股票，你就成為 ABC 公司的股東，並且有權拿到它們發放的利潤，當然，如果它們有發的話。

2. **股票市場**：股票市場是一個買賣所有上市公司股票的場所（過去是實體的，但現在一切都已經電子化）。當我們提到股票市場時，指的是很多公司、數千家的統稱。這些公司劃分成不同類別，每個類別所包含的公司呈現某種共同特性，稱為「指數」（index）。

標普 500 指數（S&P 500 index）就是一個例子，它是一組美國 500 家最大的上市公司。它們共同代表（指標）美國的經濟，像 Alphabet（Google）、蘋果（Apple）、亞馬遜（Amazon）、沃爾瑪（Walmart）和迪士尼（Disney）

等公司（以及其他 495 家公司）都是這個指數的一部分。它們共同創造了上兆美元的營收、雇用了數百萬名的美國人。同樣的，道瓊工業平均指數（Dow Jones Industrial Average，DJIA）包含來自美國各行各業 30 家主要公司。總體而言，道瓊指數也代表著美國經濟。

■ 我該拿多少錢買股票？

當你完成我們在第三章中討論的公司研究時，要確定自己不會只因為其他人都在買某間公司的股票就跟風。股價有可能只因為需求增加就被往上推，甚至會遠遠高出應有的水準（稱為高估）。

股票價格由公司的「公平市場價值」（fair market value）決定，這是基於公司未來的預期收益所衡量出來的價值。華爾街上有很多人在做這些估算，所以股票在理論上都會以公平的價值在交易。不幸的是，情況並非總是如此，因為股票價格主要受市場供需狀況驅動。這就是為什麼做研究很重要。對於你選的股票，你要有自己的投資理由，才能確保不會買貴了。

■ 股票與賭博

如果股票有虧損的風險，那麼這和在賭場賭博或玩樂透有何不同？為什麼我不乾脆去買樂透夢想中大獎，或是去賭場碰碰運氣贏快錢呢？

因為當你賭博時，賠率對你不利。

當你投資股票時，是承擔經過計算後的風險，並使用經過證實有效的策略。這種策略會讓你在投資好公司而且持有時間越久的情況下，增加賺錢的機率。

而每次賭博或玩彩券時，你要嘛贏要嘛輸。賭輸的時候，錢就永遠消失了，你沒有機會拿回來，除非你投入更多的錢再賭一次。

當你投資時，雖然可能親眼看著自己的股票下跌，但這並不是固定而不再變動的損失。投資的股價有可能恢復，而且你仍然會收到股利（dividends，稍後會詳細介紹股利）！

■ 熊市

個別公司可能因為業績差或前景不看好的關係，使得

股價崩跌。當整體股市發生這種情況，並且由於投資人的負面情緒，導致股價長期下跌 20% 或更多時，股市就變「熊市」（bear market）了。股價反映公司未來的預期收益，因此當人們對公司的前景感到悲觀時，股價就會下跌。

　　熊市可能持續數週、數月甚至數十年。2020 年 3 月，美國股市進入由新冠肺炎大流行引發的熊市。從 2020 年 2 月 19 日（股市創下歷史新高）到 2020 年 3 月 23 日，標普 500 指數下跌了 34%，一下子把過去 3 年的漲幅給抵銷了！這種情況就稱為熊市，因為很像熊攻擊獵物的方式，用它的爪子向下揮舞打趴獵物。

■ 牛市

　　熊市的反面是「牛市」（bull market），此時由於投資人情緒高昂積極，對未來非常樂觀，股價漲勢持續而且上升至少 20%。2020 年疫情大流行期間，當疫苗開發成功的消息發布，人們重拾對未來的信心和確定感，因為這意味著生活要回歸常態了。

　　2021 年 3 月 19 日，即當股市觸底 1 年後，標普 500

指數回漲，幅度高達 70%，讓投資人高興的不得了。新冠肺炎大流行創造了歷史上最短的熊市之一，就像股價在 2020 年初暴跌一樣，它們也在最短的時間內恢復。你可以想像一頭公牛正用它的角以向上頂的態勢攻擊對手——這象徵著股票價格飛漲。

■ 黑天鵝事件

新冠肺炎大流行看似沒頭沒腦地憑空發生，讓人感覺非常難以預測。但這不是我們的第一次疫情大流行，1918 年有西班牙流感大流行（Spanish flu pandemic），當然也不會是最後一次。黑天鵝事件出人意料、史無前例，不僅後果嚴重，影響更是廣泛。2001 年 9 月 11 日，紐約世貿中心（World Trade Center in New York City）恐攻事件也是一場黑天鵝事件。攻擊發生後股市休市 4 天，標普 500 指數在重新開盤後的那幾天慘跌近 12%。

黑天鵝事件是無法預測的，因此它們不應該左右你的整體投資策略。這就是爲什麼投資股票的錢必須是爲了你的長期目標，這樣它才有時間從熊市甚至黑天鵝事件中恢

復過來。「黑天鵝」這個名字源於西方人認爲所有天鵝都是白色的，所以任何黑天鵝都被視爲異常。

■ 經濟衰退還是經濟蕭條？

我 2008 年從大學畢業，那時正值金融海嘯大蕭條的高峰期。2007 年 12 月至 2009 年 6 月期間有 3,000 萬美國人失去工作，我和他們一起失業了 10 個多月。標普 500 指數從高峰到低谷，下跌了近 40%（見圖）。超過 10 兆美元的投資組合和房屋價值蒸發。

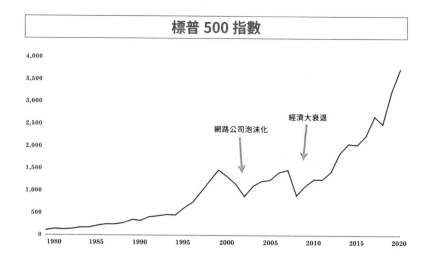

標普 500 指數

在經濟衰退（recession）時期，經濟不景氣，失業人口增加和家庭收入減少，導致公司業績縮水（這直接影響股價）。由於商品銷量變少，國家總體所賺的錢也變少了，這種經濟表現一般是以實質 GDP（real GDP）來衡量。儘管經濟學家對經濟衰退的定義有許多種，但通常定義爲實質 GDP 連續兩個季度下降。

而蕭條（depression）是衰退的加強版，通常會持續數年。從 1929 年持續到 1939 年的經濟大蕭條（Great Depression），是美國歷史上最嚴重的經濟衰退。它始於 1929 年股市崩盤（下跌 89%！）。崩盤之後，數以百萬計的工作機會消失，而美國有一半的銀行倒閉。

由於美國政府透過降低利率的干預措施來穩定經濟，因而美國每次歷經衰退和蕭條都能回復過來。這種作法鼓勵公司借錢投資它們的業務和雇用員工，它還讓人們借錢來消費產品和服務。對你來說，重要的是要了解經濟情況，這樣才可以做好準備，知道該對自己的投資有什麼期望。

■ 股票怎麼買

對你想要投資的公司做完研究後，就到執行時間了！購買股票與開設儲蓄帳戶的過程類似，只是多了幾個步驟。如果你未滿 18 歲，要有成人陪同才能開戶。[12]

1. **選擇一家證券經紀公司開戶**。證券經紀公司是一種金融機構，它的角色就像是證券（securities）（如股票）買賣雙方的中間人。在數位世界出現之前，投資人要買入或賣出股票都必須聯絡證券經紀公司（經紀人）。到了今天，人們可以使用線上平台自行開戶和買賣證券，不用透過任何人。

2. **選擇要開設的帳戶類型**。如果你未滿 18 歲，則需要父母或監護人代表你來開立帳戶。這是一個託管帳戶，在你年滿 18 歲（在美國某些州要 21 歲）之前，這個帳戶由你的父母／監護人控管。

12　在台灣，年滿 20 歲可自行開立證券帳戶，7 至 20 歲需要父母或監護人陪同，7 歲以下則可由父母代為開戶。

如果你有薪資所得，你的父母或監護人可以爲你開設一個託管羅斯個人退休帳戶（custodial Roth IRA account）。羅斯個人退休帳戶具有以下特點：

- 投資收益免稅，退休後提領也免稅。

- 你每年投入這個帳戶的金額有上限。以 2022 年稅務年度來說，可以投入的最高金額爲 6,000 美元。但是，如果你當年的收入只有 3,000 美元，可被允許的最大投入金額就只有 3,000 美元。

- 如果你在某個年分的收入超過一定金額（2022年稅務年度的門檻爲 129,000 美元），你就不能再投入任何錢進帳戶。

- 一直到你能完全控管這個帳戶，而且它也轉爲正常的羅斯個人退休帳戶之前，你從這個託管帳戶提領本金是免稅的（你存入的錢，不是你的投資收益）。

充分利用投資收益免稅的優惠，讓你的羅斯個人退休帳戶發揮到極致。一旦你的收入達到一定水準

後，你就不再有資格使用羅斯個人退休帳戶來投
資——所有投資都要全額繳稅！ [13]

如果你沒有薪資所得，你可以開設一般經紀託管帳
戶，那麼所有投資收益都要納入課稅。

你還可以開設的另一種帳戶是青年帳戶。13 至 17
歲的青少年可以控管這種帳戶，同時也允許父母監
督帳戶裡的活動和交易。並不是所有經紀公司都提
供青年帳戶，因此你需要做一些網上搜尋的功課。

3. **為你的帳戶存入資金**。開設帳戶後，就該放錢在裡
面！你可以設定投資帳戶與你的支票或儲蓄帳戶
連結。

13　在台灣，股票賣出時需繳交 0.3% 的「證券交易稅」，例如賣出 1 張 1 萬元
的股票，需繳交的證券交易稅為：10,000 × 0.3% = 30 元。股利收入則需
繳交「股利所得稅」，可選擇將股利收入合併個人綜合所得稅計算，或是股
利收入分開計算。合併個人綜合所得稅計算時，稅額視個人收入加上股利
收入後所適用的課稅級距而定，股利部分的收入另享有 8.5% 的可抵減稅
額。例如，若當年度的股利收入為 10 萬元，100,000 × 8.5% = 8,500 元，
可從所得稅總額中減去 8,500 元。分開計算時，股利收入的稅率為 28%。

4. **買入你的第一支股票**。一旦帳戶裡有錢，就可以買
   進你的第一支股票了！選定你想要的股票後，找出
   每家公司的股票代碼。股票代碼是公司獨有的，
   就像學生的學號一樣。只需網路上搜索「XYZ 公
   司股票代碼」就行了。例如，亞馬遜的股票代碼是
   AMZN。[14]

   購買股票後，請每隔幾個月檢查一次，確定公司有
   按它們的成長計畫好好發展。

■ 股利

股利是公司回報股東的所發放的利潤。一般而言，上
市有一段時間的公司會向投資人派發股利。一個常見的誤
解是，會發股利的公司了無新意，因為它們是成熟的公司，
股價成長的空間有限。這是不對的想法！

有些公司能抽出這麼多現金，正是因為它們是優秀的
企業，有能力向投資人發放股利，同時讓公司向上發展！

14　台灣的股票市場中，股票的代碼為四位數的數字，例如台積電的代碼為
　　2330、統一企業為 1216。

不僅如此，公司還以資本利得（capital gains）回報股東，也就是股價報酬。這些公司是真正的贏家，因為公司的股票投資人有兩種賺錢方式：股利和資本利得。由於股利通常每季發放1次，你會看到你的帳戶每年有4次來自這類型公司的現金流入。[15]

舉個例子，假設ABC公司在過去10年中一直對股東發放股利。它們宣布最近一個季度的每股股利為1.40美元。如果你擁有ABC公司的20股股票，你將獲得1.40美元 × 20 = 28美元的報酬。如果公司每季都發，你整年下來就有可能賺到112美元！

事實證明，有成長且有股利發放紀錄的公司，比不發股利的公司表現更好，所以一定要將其中一些公司加到你的投資組合之中，並且把收到的錢再投資！股利甚至可以提高你的投資信心，因為你在下場投資後，短時間內就可以看到明顯的收益。

15　在台灣，企業通常每年發放1次股利。

成功的故事　我的投資組合

　　我在 20 歲時做了第一筆投資，當時我選到一家快倒閉的公司，所以虧了錢。很顯然我沒有好好做功課！我當時有點失去信心，但這並沒有阻止我繼續投資。

　　當我還清卡債後，開始投資股票市場。我把支付股利的公司和沒有現金流的高風險公司（一種資源探勘公司）納入投資組合。資源探勘公司可能有些棘手，因為它們是技術性很強的行業，不會產生現金流，而且成功與否取決於是否發現黃金、銅和石油等資源，並藉此提高股價。

　　我在許多資源探勘公司工作過，我的產業知識就是由此得來的。在 30 歲之前，我已經建立了一個價值超過 10 萬美元的投資組合——這讓我在失業時反倒有了很多選擇。我感到安心，不必擔心待付帳單，也沒有急著找新工作的壓力。

■ 股票何時脫手

既然投資了，自然希望獲利。這就是為什麼要以低價買入股票，然後再以更高價格賣出。低買高賣：聽起來簡單，做起來並不總是那麼容易。在熊市或經濟衰退時期，當投資人眼睜睜地看著自己投資組合的價值下降時就開始怕了，這一點也不奇怪。

以下是我用來判斷何時出脫股票的規則：

1. 當你需要錢的時候。當要支付大學教育費用或要完成你所設定的任何目標時，就是變現投資的時機。

2. 當你投資的公司因為業務發生重大變化而不再按計畫進行時，比如新的競爭對手挖走了大量客戶，或者新的政令法規直接影響公司的經營方式。

3. 當其他領域有更好的投資機會時。

因為你主要是長期投資，所以不需要賣很多，像我自

己賣的就不多。一些最成功的投資人甚至一抱就是數十年，讓公司有機會發展和實現它們的願景。

　　要賣出股票時，可以選擇先賣出賺最多的股票。如果你以每股 30 美元的價格購買了 ABC 股票，現在股價為 55 美元，那麼你的資本利得為每股 55 美元 – 30 美元 = 25 美元，也就是說你的投資報酬率為 83%。做一下這個計算練習，看看哪些股票給你的回報最高。請記住，這些回報都要繳稅（稍後會詳細介紹！）。

你的第一次投資

　　準備好開設你的投資帳戶了嗎？它就像數 1、2、3、4 那樣簡單！

　　第一步：和你的父母／監護人討論開設投資帳戶。他們可能已經在特定證券經紀公司開戶了，並且很可能也會在同一個地方幫你開戶。

第二步：如果你的父母／監護人在特定經紀公司沒有帳戶，請上網查一查，看看哪些經紀公司提供託管帳戶。並不是所有經紀公司都有提供這類帳戶，因此你必須選擇一家能提供託管帳戶的經紀公司。

第三步：選擇你想要的投資帳戶類型。同樣的，如果你有收入，我強烈建議使用託管羅斯個人退休帳戶，這樣一來便可以利用它投資收益免稅的優惠。請注意，如果你的帳戶開設超過 5 年，那麼提領符合條件的教育費用還可免稅，並且在房屋首購時有 1 萬美元的最高提領限額。

第四步：根據你想投資的金額為帳戶注資。

開始投資吧！

///

專家的小提示

不要害怕在熊市期間投資，那是低價買入股票的最好時機。在這期間，投資人會更加恐懼，而這可能導致股市反應過度，帶動知名公司的股價向下修正。但無論股價發生什麼變化，你仍然有股利可收！

///

◎ 私募股權

`1 2 3 4 5 6 7 8 9 10`　**風險等級 8**

我在本章開頭提到了上市公司和非上市公司之間的區別。你知道除了透過股票市場投資上市公司之外，也可能對非上市公司的股票投資嗎？是的，但不適合你。在一家公司上市之前，它們為了公司發展和營運，很可能會有特定投資人非公開地提供資金。這些投資人往往是私募基金（private funds），因此稱為私募股權（private equity）。

投資私有企業對於像你我這樣的普通投資人來說，超

出我們能力所及的範圍。這些投資是為所謂的合格投資人
保留的，他們經驗豐富、資金雄厚。合格的投資人投資私
募股權基金，然後這些基金的經理代表他們去投資企業。
私募股權基金通常要求投資人開出至少 25 萬美元的支票。

　　當一家公司需要資金發展業務時，會有兩種選擇管道：
特定投資人或一般投資大眾。當你買股票時，並沒有給公
司任何錢。你是從另一位手上持有股票的投資人那裡買股
票，他願意以特定價格把股票賣給你；而公司需要資金是
要發行新股。讓我們用一張大餅為例來說明。

　　想像一張大餅（也就是公司）被分成 8 片，共有 8 個
人擁有這張大餅，你擁有其中 1 片，這代表你擁有 1/8 或
12.5% 的大餅。當一家公司為了營運募集資金時，得到一
筆來自新投資人的錢。因為多了這些錢，所以這張餅變大
了，但現在變成共有 16 個人擁有這一張大餅，而不再是 8
個，因此你在這塊大餅所占的比重變小了，現在你手上只
有公司 6% 的股分。這個過程就是股權稀釋（dilution）。

　　當一家公司以私募股權基金獲得資金時，它的業務還
在高風險階段。因此，這些基金會要求更高的公司所有權

百分比，投資人甚至可能為了救急而親自介入公司營運。
這個基金可能會引進新的管理團隊，或者把公司介紹給新
的客戶群。這種情況就演變為策略性投資，而不僅僅是像
股票這樣的金融投資。

　　私募股權被認為是投資股票市場的替代方案，原因
如下：

- 私人公司不受公開市場買賣雙方活動引起的股票價
  格波動影響。這種好處是企業選擇保持私有化的主
  要原因。
- 私人公司缺乏流動性，因為投資人不能輕易變現，
  他們必須找到別的投資人或等到公司上市後再出讓
  所有權。這就是投資私人企業要付出的代價。

　　私人企業規避了上市的嚴格要求，不需要提供季度收
益報告、不必財務透明，也不必應付華爾街和可能會面臨
到的審查！這些是公司選擇保持私有化的部分原因。

金錢面面觀　**公司為什麼要上市**

公司為什麼要上市？有以下幾個原因：

● 讓私人股東可以套現，並且在向大眾公開發售股票過程中找到新的買家。

● 藉由吸引新的投資人募集私人投資以外的資金。

● 公司的股東太多。到了某個程度，法律要求公司上市並且公開揭露財務狀況。

在證券交易所上市

當一家公司上市時，它們會邀集一般大眾來買公司的股分，這個動作被稱為首次公開發行（Initial Public Offering，IPO）。IPO 可以透過以下兩種方式之一完成：

1.首次發行：公司為了籌到所需要的資本，吸引新投資人。

2.二次發行：私人公司的現有股東（例如，私募股權投資人）把他的持股賣給新投資人。公司沒有籌到任何新的資金，因為它本質上只是所有權交易。

◎ 創業投資

`1` `2` `3` `4` `5` `6` `7` `8` `9` `10`　**風險等級 9**

在我開公司並成為作家之前，曾待過一家創業投資（venture capital，VC）基金公司，我的工作是評估基金想要投資的企業。公司裡除了兩位創辦人，我是唯一員工。我在很短的時間內學到很多關於創投的知識。

這家創投的兩位創辦人把他們自己的錢湊在一起，並拉了其他投資人，然後創辦了價值約 5,000 萬美元的創投基金。創辦人的工作就是拿這 5,000 萬美元投資在高風險階段的私人企業，通常是在這些企業剛要賺進第一個 500 萬美元的時候。

創投對這些企業提供資金，讓它們能夠擴大業務。公司可以投資市場行銷、雇用新員工、擴大生產線──或者任何可以幫助公司擴大幾倍營收的事情。由於是私人企業，創投在這一點上的風險很高，因為這些投資缺乏流動性，也無法保證事業會成功。如果投資的企業失敗了，全部投資將化為烏有。

　　但如果業務蒸蒸日上，年營收從 500 萬美元增加到 2,500 萬美元，那麼創投的報酬率會翻上 5 倍！這樣的成長預期在短時間就會發生，通常是幾年內的時間。

　　創業投資比私募股權的投資風險更高，因為他們在公司剛要有營收的時候就投資了。在這種情況下，他們的投資占了較大的比例，可以拿走的餅也更大塊了，通常高達公司一半的所有權。

　　如果你曾經看過《創業鯊魚幫》（Shark Tank）節目，應該記得一群創業資本家（鯊魚）聽企業家在做募資簡報的場景，希望吸引資金來幫助他們發展。這些投資人被看作是鯊魚，因為當公司岌岌可危時，將任由他們宰割。通常在這種時候，大鯊魚所占的所有權比例會比企業家願意放棄的比例還要高。

　　試想你花了 3 年時間靠自己建立了一家企業，接著一個新的投資人進來，寫了一張支票給你，然後就馬上擁有你一半的事業！但其實創業資本家提供的不只是金融投資。就跟私募股權投資人一樣，他們也提供專業知識、人脈和其他附加價值，這些無形資產帶給企業的好處超出金

錢效益。

■ 來創業吧！

　　想像一下，你和朋友有個科技點子。你把積蓄投進公司，然後公司也有收益了，但是還沒開始賺錢。這個時候，為了讓生意繼續下去，你需要請一些員工，可能是幾個新進開發人員、業務和行銷人員。現在你有一家新創公司了！新創企業在科技領域非常普遍，往往能吸引到創業資本家，因為：

- 如果技術成功，無論是應用程式還是新產品，潛在的回報可以相當驚人。許多百萬富翁和億萬富翁就是因為在這個階段投資而致富。
- 世界上最大的公司就是科技公司，這些科技巨頭有可能會收購新創企業。它們往往會出付出非常高的價格，讓投資人和創辦人拿回大大的回報。

　　許多企業因缺乏資金而倒閉。企業沒有資金便難以開

展業務，這就是爲什麼創業資本家在幫助企業發展方面能
發揮非常重要的作用。但投資人面臨的風險也是相當大
的，因爲即使有資金，企業仍有可能倒閉。企業在這個
階段沒有獲利，因爲它們要負擔創立公司的大量成本，
但還沒有大量營收產生。它和你投資願望清單上的許多
股票大不相同。

◎ 房地產投資

1 **2** **3** **4** **5** **6** **7** **8** **9** **10** 　**風險等級 6**

　　房地產投資涉及購買房產然後出租以產生每月收租的
進帳，或買下之後以更高的價格出售。我在大學時期做出
的最佳決定之一就是買房子，並將多餘的房間出租給學生。
這樣做讓我自己可以不用付房租過生活，因爲其他學生正
在幫我付貸款。但是，那是筆大投資，需要投入大量的準
備工作和金錢。爲了它，我必須：

- 算出買房子的所有成本和持有的成本。
- 弄清楚要向學生收取的費用，以確保租金收入夠付所有費用。
- 找到一個在我可接受的價格範圍內、地點好而且對學生來說理想的房子。
- 湊錢付定金（我的父母拿他們的房子去抵押貸款來幫助我，這被稱為房屋淨值貸款〔home equity loan〕）。
- 請一位房地產經紀人幫我買房和提供報價。
- 草擬租約，以及閱讀房東和房客之間涉及的法律條款。

要當包租公、包租婆有很多風險，例如：
- 房客不付租金或破壞房屋。
- 成本增加，例如房屋稅、管理費或抵押貸款利息。
- 找不到房客。
- 房價下跌。
- 屋內有東西破損或損壞時需要高額維修費用。

　　如果你買房子而不打算出租（或自住），而是想盡快賣掉它，就叫炒房。這類型的投資通常是屋況不佳的房子，買家把房子翻新改造之後，以高於當初購買的價格出售。

　　還有其他類型的房地產投資，包括把名下的商業建築、公寓出租給企業或有需求的家庭。

◎ 其他實物投資

1 2 3 4 5 6 **7** 8 9 10　**風險等級 7**

除了房地產，還有其他類型的實物投資，例如：

- 藝術品
- 收藏卡（寶可夢、棒球卡等）
- 古董
- 漫畫書
- 限量版玩具
- 數位資產（實際上並不是實物！）

　　這些投資通常出於愛好，做功課研究哪些物品有價值是絕對必須的。不是所有的東西都有人要，它們是因爲受歡迎和有人想要而升值。然而，物品的稀缺性可以增加它的價值，例如，世界上只有一幅蒙娜麗莎的畫像（Mona Lisa）。1962 年時，這幅畫價值 1 億美元——如果考量通貨膨脹，按今天的美元計算，這幅畫已價值超過 8 億美元！

　　最近出現了一種新型收藏品——NFT（非同質化代幣）。NFT 是 non-fungible token 的縮寫，它是使用名爲「區塊鏈」（blockchain）的技術，在網路上儲存的唯一數位資料（如數位證明）。加密貨幣的誕生便源於區塊鏈技術，而同樣的技術誕生了 NFT 這種新型的數位資產。這些數位資產可以是圖像、聲音或影片剪輯。

　　NFT 在 2021 年開始流行，爲藝術家的作品販售創造一條新途徑。他們能夠以販售數位藝術品取代實物藝術品，透過區塊鏈確定並儲存數位藝術品的所有權。與實體藝術非常相似的是，NFT 可以被複製（仿冒），當作眞品賣給那些不熟悉這個資產的人。在投資之前，要小心謹愼做足研究。目前市場上已經出現許多 NFT 詐騙。

◎ 天使投資

在新創公司拿到創投的資金之前，其他投資人也可能會為企業提供資金。他們被稱為天使投資人，即很有錢的人，他們願意為了還在草創階段的企業承擔最高的投資風險。新創公司甚至有可能單單只是有個想法或概念，連產品或服務都還沒有開始開發。

舉個例子，假設你有個商業點子需要申請專利，但沒有足夠的錢走完申請程序。你向家中的富叔叔推銷這個點子，而他也同意對你的公司做個人投資，最後持有公司20% 的股分。

在這個階段，產品都還沒有開發出來，所以收入為零。他知道直到公司有獲利之前，還會有更多的投資人提供資金給公司，而他 20% 所有權將會減少（被稀釋掉）。

天使投資人通常是親朋好友。有這層關係代表資助條件並不那麼困難，不像新創投資基金那樣，可能會附加嚴格的要求，例如所有權的最低門檻，或是安插某些人成為

公司管理團隊。

研究你下一個非股票投資

除了股票，多方探索一些其他類型的投資。如果你有一天會買房子，請算一下看看買時需要多少錢。給自己設一個時間表，這樣就會知道是需要先存錢還是投資。如果你想在10年後買房子，為了它，你將需要去做投資！

如果你有想要買 NFT 形式的數位藝術品之類的東西，請開始研究 NFT 的運作方式、它們受歡迎的原因，以及如何在數位環境中保護自己。考慮它能給你帶來什麼樣的長期價值，以及它在未來會不會升值。把這些學習心得記錄下來！

第五章懶人包

你應該從本章解鎖了：

● 什麼是股票市場，以及它又是如何運作的

● 如何買入股票，並知道何時賣出

● 關於投資新興企業的事情

● 新創投資、私募股權基金和天使投資人的角色

● 實物投資，如房地產和藝術品

第六章

怕賠錢的我，把資金分散就對了

　　我的第一筆投資是一家公司的股票，這家公司的股票在幾個月內暴跌。壞在它不僅是一支糟糕的股票（這是一家快要破產的航空公司），更慘的是它是我唯一的投資。因為我沒有分散投資，所以眼睜睜地看著我的 200 美元縮水到幾近於零，這個故事也就沒有續集。我不知道自己在做什麼。

　　我當時的作法：選擇一家公司，死抱不放，然後忘記它，這與成功的投資是完全不同的。相反的，多元化會是一種成功的策略。當你持有多家公司的股票時，可以避免一家或幾家公司倒閉的情況。透過投資各種公司和產品實現多元化非常重要。

　　在本章中，我們將討論如何多元化投資、什麼是最成功的投資策略、哪些投資最省力，以及如何避免投資血本無歸。

◎ 如何多元化

有句話說：「別把所有的雞蛋都放在一個籃子裡。」（以防萬一籃子掉在地上砸爛全部的雞蛋）在投資中，這意味應該分散風險，當某一項投資失敗時，你仍然有其他項目可以確保資金安全並（有望）成長。

如果我當時將第一筆投資多元化，而不是只持有一家公司，我將：

• 賺更多的錢
• 不會失去投資信心

我那時根本不知道如何運用僅有的一點錢進行投資，或做多元化的投資。投資 2、3 家公司比只持有 1 家公司要好，但當時我沒有太多選擇，我甚至無法獲得類似今天能得到的訊息量。

分散投資的最佳方式是投資基金公司。就如前面的解釋，基金是投資一大堆產品（如股票和債券）的資金池。

投資基金能更容易接觸到數百甚至數千家公司，而不用在一開始就投入大量資金。

那麼每個基金又是如何選擇投資哪家公司的呢？有兩種基本方式：主動式投資和被動式投資。主動式投資是指有人主動研究和選擇要投資的公司。這個過程是勞力密集的，成本也更高。許多主動式管理的基金都是共同基金，這部分會在下面討論到。被動式投資只是複製或參考其他人的選擇內容，這就是指數型基金（index funds）的作法。

◎ 指數型基金

當你在學校不想寫作業，但隔天就要交的時候，你會怎麼做？你可能會抄你朋友的作業！（希望是個聰明的朋友）這就是指數型基金做的事，投資組合經理從指數中複製選擇的股票來建構基金。之所以稱為被動式投資，是因為投資組合經理只需付出最少的精力！

指數是一組共同代表某種事物的公司，例如反映一國

的經濟。標普道瓊指數（S&P Dow Jones Indices）、明晟指數（Morgan Stanley Captain International Index，MSCI）和富時羅素（FTSE Russell）是全球三大指數提供商。它們請專家和分析師通盤研究，將共同代表某種事物的公司或產品組合在一起。

例如，標準普爾匯聚了代表美國經濟的標普 500 指數，其中包含美國最大的 500 家上市公司。美國科技指數包括所有科技巨頭，如 Alphabet、Facebook、亞馬遜、蘋果等。總的來說，這個群組很能代表產業。

指數型基金的好處是：
- 擁有的成本低廉，因為投資組合經理不用太費事。
- 即使剛開始時投入很少的錢也能做到多元化投資。
- 你不用花時間研究和追蹤個別公司。

缺點則是你無法選擇將哪些公司加入指數型基金。意思是儘管你持有優秀公司的股票，但也會持有表現不佳的公司股票。

金錢面面觀　股市平均報酬率

　　當我們看新聞時，任何提及「市場」的場合，要說明的其實是指數。例如，當你聽到人們說「美國市場下跌」時，他們通常指的是標普 500 指數的數字下跌。每個國家都有代表整體經濟的股票指數。加拿大使用代表其股票市場的「標普／多倫多證券交易所綜合指數」（S&P/TSX Composite Index）;「恆生指數」（Hang Seng Index）代表的是香港股市。

　　標普 500 指數自 1927 年推出以來，平均年報酬率約為 10%，當時這個指數只涵蓋 90 家公司。如果你投資的指數型基金是追蹤某個國家經濟的話，你應該可以期望投資回報大致上等於股票市場的平均報酬率。我們以股票市場的平均報酬率來比照，是因為它包括了很多公司，無論好公司或壞公司都是，而投資回報正是優秀公司和表現不佳公司業績的平均值。

◎ 指數股票型基金

　　投資指數型基金有兩種方式，除了指數型基金外，另一種是透過指數股票型基金（Exchange-Traded Funds，ETF）。ETF 在證券交易所公開上市，任何人都可以買賣，就像股票一樣。ETF 的創建過程有點像這樣：提供 ETF 的公司以捆綁許多股票或債券的方式來建立基金，然後將基金分成數百萬個小單位，並在證券交易所上市供人們買賣。ETF 的每個單位都包含數百甚至數千家公司或債券的微小部分所有權。

　　ETF 可以是主動式管理或被動式管理的基金，儘管大多數是被動式管理的。當你研究主動式管理的 ETF 時，會發現它的管理費用比（management expense ratios，MER）遠高於被動式管理的 ETF。這是因為主動式增加了基金的成本——例如，需要更多的人力研究和選擇要投資的公司。

ETF 的優勢是：

- 任何人都可以自由買賣，因為它們就在證券交易所
  上市。
- 對資金多寡沒有限制（不像共同基金，我們稍後會
  討論）。
- 它們是多元化投資。
- 你可以用很少的錢開始投資。

它的缺點則有：

- 與指數型基金一樣，你無法控制哪些公司要納入基
  金中。
- 它們與股票一樣，受到市場不穩定的影響。

你的 ETF 投資組合可能就像下面的圓餅圖。

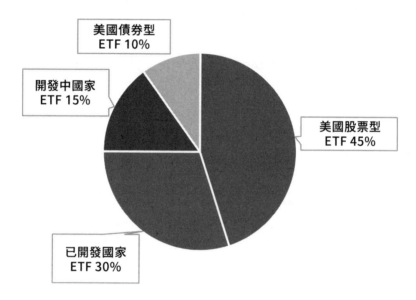

簡單的 ETF 投資組合

美國債券型
ETF 10%

開發中國家
ETF 15%

美國股票型
ETF 45%

已開發國家
ETF 30%

利用 ETF 構建你的多元化投資組合

1. **上網搜尋提供 ETF 的公司。**最大的公司是貝萊德
   投資管理公司（BlackRock）和先鋒領航基金管
   理公司（Vanguard），因此你也可以從這兩家
   找起。

2. **請加入股票型 ETF。**在建立投資組合時，請確保
   你也按地域進行分散投資。美國公司約占全球股
   票的 50%，所以還有另外 50%！美國以外的國
   家還分為已開發國家（德國、法國、新加坡）或
   開發中國家（巴西、中國、南非）。

   你可以選擇一支涵蓋全球的 ETF，或者選擇多個
   ETF，而每個 ETF 涵蓋特定區域，如下面的分類：
   ● 美國
   ● 美國以外的已開發國家
   ● 新興／開發中國家

3.加入一些債券型 ETF。債券型 ETF 可分爲企業、政府、高收益、短期、長期等。投資債券型 ETF 是輕鬆取得債券和降低投資組合風險的方法。根據你的風險承受能力,選擇一、兩項或不選。

就你感興趣的幾支股票型和／或債券型 ETF 填寫下表,從單價來分析你需要對每支 ETF 投入多少資金。

股票型 ETF 名稱	股票代號	涵蓋的 地理區域	每單位 ETF 的市場價格
iShares 核心標普 500	IVV	美國	439.95 美元

債券型 ETF 名稱	股票代號	債券類型（例：公司、高收益、政府、短期、長期）	每單位 ETF 的市場價格
iShares 美國 核心綜合債券	AGG	美國 投資級公債	109.86 美元

☀️ **專家的小提示**

在開始投資個股之前，先從 ETF 開始。尤其資金不是很多時，這是讓投資多元化的最佳方式。你不太可能會遇到投資歸零的情況！

◎ 共同基金

共同基金與 ETF 不同，它不在交易所上市，這代表你必須透過金融機構（如銀行或證券公司）來投資你的資金。大多數共同基金都是主動式管理的，因此包括了要支付給投資組合經理的費用（營運管理成本），還包括支應行銷以及向客戶提供財務建議服務的成本。這些費用稱為「銷售佣金」，可以在最初投資時或是最後出售時收取。共同基金在過去非常昂貴（有些現在還是很貴），但多年來，隨著低成本 ETF 推出，這些整體費用已經降低。

共同基金還可能有以下限制：

- 最低初始投資門檻
- 最低持續投資（例如，每月投資 500 美元）
- 提前贖回費用（在指定期限之前拿回你的錢的費用）

由於共同基金沒有在交易所上市，因此它們的流動性低於 ETF。每次投資者買入或賣出他們的共同基金時，交易是在當天交易時段結束後執行（不像股票或 ETF 那樣立即執行）。此外，當你投資主動式管理的基金時，表示你相信投資組合經理的知識和判斷足以選擇表現優於市場平均水準的公司。不過，你也可能會想什麼都投資、賺到平均報酬，而且把費用省下來。

成功的故事 莎拉

在我的第一批客戶當中，莎拉（Sarah）原本持有銀行為她準備的共同基金組合。她在讀了我的書並發現 ETF 便宜得多之後，聯繫了我，想讓我看

看她的投資組合。結果我發現，除了存在支付高額
共同基金費用的問題外，莎拉的投資組合也不太適
合她。和之前的珍一樣，她的錢投資於風險非常低
的選項。莎拉才 20 多歲，絕對可以承受更大的風險。
我幫她改進了投資組合，光是費用，平均 1 年就爲
她省下超過 4,400 美元！

　　莎拉新的投資策略非常簡單，同時對她來說也
是最佳選擇，因爲這個策略：
- 堅持每個月將部分薪水投資於低成本基金
- 多元化
- 根據她的風險承受能力，加入適當的投資標的

　　莎拉到 36 歲時，她的投資組合已有將近 50 萬
美元的價值！

計算費用

　　投資的回報會隨著時間增加，但費用也會增加，因為 MER 會從基金的回報內扣除。例如，假設基金在 2022 年的報酬率為 8%，而收取的 MER 為 1%，則你的淨回報率為 7%。如果你的投資組合在 2022 年價值 1,000 美元，則費用成本為：1,000 美元 × 0.01 = 10 美元。

　　聽起來沒多少，是不是？但想像一下，你從 1,000 美元開始，然後在 30 年的時間裡每月持續投資 200 美元，平均每年獲得 8% 的回報。到 30 年後，你得支付 28,927 美元的費用，或每年 964 美元！下面這張圖說明 20 到 30 年期間的費用累積情況。

　　有些被動式管理基金的費用低至 0.02%。以 1,000 美元的投資來說，它們每年不是收你 10 美元，而是 0.20 美元。這差很多欸！寫下你想投資的 ETF 或共同基金的 MER。使用第二章中相同的複利計算器，計算在 30 年期間這些費用將吃掉你多少錢。

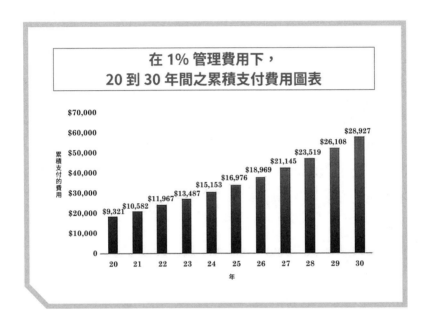

◎ 資本利得

當你賣掉你的投資（並希望獲得回報）時，政府將以資本利得的名義抽稅。抽稅的多寡取決於投資是短期投資（持有 1 年或更短時間）還是長期投資。它還會考慮你當年的應稅收入。

　　短期資本利得稅率在 10% 到 37% 之間，而長期資本利得稅率在 0% 到 20% 之間。假設 2022 年你賺了 9,000 美元，你在股票上投資了 800 美元，4 個月後以 1,200 美元的價格賣出。你的短期資本利得為：1,200 美元 – 800 美元 = 400 美元。政府將以 10% 的稅率對這 400 美元對課稅，這表示你將欠：400 美元 × 0.10 = 40 美元的稅款。如果至少等了 1 年才賣掉這些股票，那麼就不會被課徵資本利得稅。[16]

16　在台灣，賣出股票時，統一課徵出售價格 0.3% 的證券交易稅。

第六章懶人包

你應該從本章解鎖了：

- 如何分散你的投資
- 了解什麼是共同基金、指數股票型基金和指數型基金
- 股市平均報酬代表的意義
- 注意費用的重要性
- 資本利得稅的計算方式

第七章

投資自己的未來，是絕對不會輸的比賽

　　沒有人會後悔存了太多錢，事實是恰恰相反：在我的職業生涯中，我遇到過很多人後悔沒能早點投資或存錢，尤其是那些快要退休的人。如果你已經讀到這裡，我可以自信地說，你現在已經比普通人更了解儲蓄和投資。

　　有積蓄和預備金讓你在生活中有更多選擇。看看珊慕是如何能夠搬到夏威夷的？因為她為自己建立了安全網！雖然你可能無法在 18 歲之前自行開設銀行帳戶或證券經紀帳戶，但現在你可以在大人的幫助下做很多事情，為你的未來做準備，比如讀大學、找工作和為退休做準備。

　　我們在第二章討論了支票和儲蓄帳戶、在第五章討論了證券經紀帳戶。在本節中，你將會了解到專為青少年提供的各種帳戶、你可能需要哪些帳戶以及如何開設這些帳戶。你可以與父母／監護人開立兩種類型的帳戶：聯名帳戶（joint account，共同帳戶、聯合帳戶、聯立帳戶）或託管帳戶（我們在第五章中大致提過）。

◎ **青少年帳戶** [17]

　　當你開設聯名帳戶時，你和你的父母／監護人對帳戶有同等的所有權和控制權。銀行有專門適用於 13 歲及以上的青少年帳戶，你甚至可能獲發簽帳金融卡。有了它，你就可以用帳戶中的錢買東西。這張卡還允許你提款、存入支票或現金到你的帳戶。我記得每次存款時都非常興奮，因為我的銀行餘額又要增加了！

　　青少年帳戶比普通成人的帳戶提供更多好處，例如：
- 更高的儲蓄利率
- 沒有最低餘額的限制
- 不收取費用

　　養成每週查看帳戶並追蹤花費和存款的習慣，這是開

17　此節內容為美國的相關規定，僅供參考。在台灣，也有多家銀行推出性質類似的「兒童帳戶」，父母或監護人可設定提款的額度，以及收到帳務的相關通知，也額外提供利率或手續費的優惠。

始建立一定程度的財務獨立和責任感的好方法。如果銀行或信用合作社有提供網路服務，你還能上網或透過手機的 APP 檢查帳戶，同時你的父母／監護人有權登入這個帳戶以便監督。把這個帳戶用來使用日常的銀行服務，例如購物、提款和中短期的儲蓄。

■ 受《未成年人統一轉帳／贈與法》規管的帳戶

　　託管帳戶則略有不同。它將你（未成年人）列為帳戶所有者，而父母／監護人為帳戶監護人（監管人）。這個帳戶由你的父母／監護人管理，在你年滿 18 歲之前（或 21 歲，取決於你居住的州），你無法控制或登入這個帳戶。

　　存入這些帳戶的一切都屬於你，不能取回，無論是來自你的父母／監護人、祖父母還是其他任何人都相同。這表示它是永久性的，除非是為了你的利益，否則沒有人可以合法地使用這筆錢。這是考量到要保護你的資金！

　　託管帳戶主要有兩種類型：《未成年人統一贈與法》（UGMA，Uniform Gift to Minors Act）帳戶和《未成年人統一轉帳法》（UTMA，Uniform Transfer to Minors

Act）帳戶。UGMA 和 UTMA 之間的主要區別在於，各自允許持有的資產類型範圍有所不同。

　　UGMA 帳戶允許你持有現金、股票和債券等金融資產。UTMA 帳戶則除了這些相同的金融資產之外，還允許持有其他資產，例如房地產、收藏品、汽車，或是你的父母／監護人想讓你擁有的任何資產。不過 UGMA ／ UTMA 帳戶有一個缺點：擁有這種帳戶可能會對你申請大學學費補助有影響。

　　這些帳戶的稅捐優惠是：

- 頭 1,050 美元的投資收益免稅。
- 接下來的 1,050 美元向未成年人課稅（低於成人的稅率）。
- 超過 2,100 美元的投資收益會對父母／監護人課稅。

　　與第五章中提到的託管羅斯個人退休帳戶相比，存入 UGMA ／ UTMA 帳戶的資金沒有限額，也不需要你自己有工作收入。建議把這種帳戶用作長期儲蓄和投資。

你的生意能提供什麼好處和結果？

在第二章中，你列過短期和長期目標了。回顧任何短期目標都應存入儲蓄帳戶，而任何長期目標都涉及投資。現在讓我們決定你需要跟你的父母／監護人開立哪些帳戶。以下是帳戶類型的摘要：

1. 用作日常銀行服務和短期儲蓄的帳戶：

聯合儲蓄／支票存款帳戶

2. 用作投資和長期儲蓄的託管證券經紀帳戶：

● UGMA ／ UTMA

- 投入的資金無上限
- 無工作收入的要求
- 對投資收益課稅

● 託管羅斯個人退休帳戶（見第五章）

- 投資收益免稅
- 需要有工作收入
- 有年度投入資金上限

> 　　上網查看各種銀行、信用合作社和證券經紀公司的情況。先看看你父母／監護人的銀行提供什麼帳戶，這是一個好的開始。

◎ 計畫上大學

　　每個人在高中畢業後都要選擇自己的路，無論是休學 1 年還是直接進入高等教育。最常見高中之後的教育類型是：

- 4 年制學院或大學，取得學術學士學位。
- 2 年制大學（社區大學），取得專校文學（Associate of Arts，AA）學位或專校應用科學（Associate of Applied Science，AAS）學位。
- 職業學校，學習特定職業所需的技能（例如，木工、水電）。

　　我之前提到過，美國的平均學費是每年 35,331 美元，

或 4 年一共 141,324 美元，你的花費將根據選擇的學校而有所不同。這不是一筆小數目，但它也是你對未來的投資，將爲你帶來數倍的回報，並提供大量的就業機會。當然你不必在開學時就整筆交出，因此我們將討論能幫助你計畫和支付教育費用的各種方法。

■ 529 大學儲蓄計畫

大人最常爲兒女教育而儲蓄的方式之一是 529 大學儲蓄計畫，這是一種父母／監護人代表孩子開設的課稅優惠帳戶，由他們貢獻和投入資金到這個帳戶，而帳戶內的投資收益是免稅的。你的父母或監護人必須開設帳戶／計畫，並指定你爲受益人。

當你開始上大學就可以從這個帳戶提取資金，而且不用納稅，用來支付符合條件的高等教育開銷，例如學費、食宿費、書籍、電腦和軟體（如果有需要的話）。你甚至可以把這筆錢用在某些不在美國的學校。這個計畫具備了靈活性，因爲你不必一定要讀哪所特定的學院或大學，而且還可以將這筆錢用在學費以外的開銷。

■ 學費補助

　　考慮到學院／大學的成本後，許多人無法存夠全部費用也就不足為奇，這就是學費補助可以派上用場的地方。學費補助結合了助學金（grants）、貸款（loans）、獎學金（scholarships）和工讀方案（work-study programs）等形式。

1. **助學金**：助學金是提供給那些經濟上需要幫助的人。助學金不必償還（除非違反條件，例如退出某特定計畫），你可能會從聯邦政府、州政府、你的學院／大學或其他組織那裡收到這類款項。

2. **工讀方案**：這是一項聯邦工作計畫，允許學生以兼職方式在就讀的學校工作而賺錢。他們賺的錢會用來支付就學所需的款項。

3. **學生貸款**：政府、銀行和其他組織向學生提供貸款。這筆錢必須連本帶利償還。

聯邦學生補助（Federal Student Aid）是美國教育部負責的業務，它幫助學生和家庭支付高等教育費用。你可以在它們的網站上使用 FAFSA®（Free Application for Federal Student Aid，聯邦學生補助免費申請）申請經濟援助。當你收到經濟補助計畫時，它可能是包括助學金、貸款和／或工讀方案的組合。學費補助是依據你的財務需求來計算，它會考量你的家庭自付額數據（Expected Family Contribution/EFC），家庭的納稅申報單、資產報表和收入情況都會是參考的依據。[18]

如果你被不只一所學校錄取，每一所可能會提供不同的助學金或補助，因此請務必一一比較每所學校給予的資助，從而評估你要負擔多少比例。每個學年都有聯邦申請截止日期，所以一定要把握不要逾期！

18　在台灣，為擴大協助弱勢學生順利就學，讓家庭年所得約在後 40%的大專校院學生均能獲得政府或學校之就學補助，教育部辦理「大專校院弱勢學生助學計畫」。實施措施包含助學金、生活助學金、緊急紓困助學金及住宿優惠等四項，分別針對學生之學雜費、生活費、緊急紓困金及住宿費等費用提供補助。

■ 獎學金

　　想像一下，在支付教育費用的同時，還能做自己喜歡和擅長的事情。這是可能的！例如，你也許是一名游泳好手，以部分或全額獎學金被學校錄取，在加入校隊的條件下完成學業。獎學金是根據學生的學術成就或在特定學科（如藝術和體育）方面的才能而核發的。雖然獎學金是依據學生有持續好的表現，比如運動，但獎學金是不需要償還的。

　　我許多有領獎學金的朋友，尤其是在體育和藝術方面，都得到了家人的大力支持。外州的週末錦標賽、每週的練習和比賽，都需要你的家庭在經濟和時間上有一定程度的奉獻。參加活動和接受指導都要花錢，當然，你自己也必須花時間提升你的才能。

　　學校希望招募到最優秀的人才，因此對你來說，獲得獎學金是競爭激烈而且很辛苦的。你會想脫穎而出並引起學校的注意！如果你對學術獎學金感興趣，比如數學，那可以參加一些競賽。如果成績很好，肯定會對你的履歷和申請有所幫助！

　　如果你是對體育獎學金感興趣，請搜尋美國大學獎學金網站（College Scholarships USA）以了解申請程序。Scholarships.com 網站是另一個很好的資源，可以幫助你找到各種類型的獎學金。如果你是對特定學校有興趣，請查詢它們的網站，了解想獲得獎學金要滿足什麼要求，以及相關的時程。

■ 助學貸款

　　助學貸款通常是學生經濟援助計畫中很重要的一部分，它讓許多學生在原本不可能的情況下，得以接受高等教育。聯邦貸款有兩種類型：直接有補助貸款（direct subsidized loans）和直接無補助貸款（direct unsubsidized loans）。直接有補助貸款是給經濟上需要援助的學生，政府會在整個就學期間和畢業後的前 6 個月支付貸款利息。至於直接無補助貸款，則是任何學生都可以申請，即使他們沒有經濟上的需求。對於這種貸款，學生有責任支付所有利息，直到貸款還清。[19]

19　在台灣，政府設置就學貸款幫助學生在求學期間不需擔心學費。就學貸款

　　提前貸一大筆錢、在就學期間不兼職、等到畢業後再還貸款，看起來可能很吸引人，但是這對未來的自己來說可能不是最好的選擇。我沒能規劃好的事情之一，就是我的高等教育。我以為自己在參加兩個學期中間的實習工作計畫，和申請助學貸款之間，能夠支付所有的費用。我在多數的情況下是做到了，但還是搞砸了，因為我是「亂花錢的蘇西」。由於實習期間所賺的錢高到使我不再有資格獲得助學貸款，而我只存了學費，但還不夠付其他費用，因此沒錢時只好用信用卡來擋。

　　畢業時背負的學生債務越少越好，即使這意味你要在暑假期間工作、打工兼職，以及花時間申請助學金也是如此。

僅需符合家庭年收入條件即可申請，無需如一般貸款審核抵押品、還款能力等，並且在就學期間至畢業後 1 年為止的貸款利息皆由政府負擔。

金錢面面觀　你的 100 萬美元投資組合

　　你越早開始為退休投資，需要投入的資金就越少。讓我們假設年投報率為 8%，如果你給自己 48 年的時間來建立 100 萬美元的投資組合，每月只需要投資 50 美元，並且在這段期間每年的月投資金額增加 10 美元就可以了。到了第 48 年，最高月投資金額為 520 美元！

　　如果你給自己 29 年的時間來為退休投資達到 100 萬美元，那麼每月需要投資 750 美元，同時每年的月投資金額增加 10 美元。在第 28 年時，最高月投資金額為 1,020 美元。

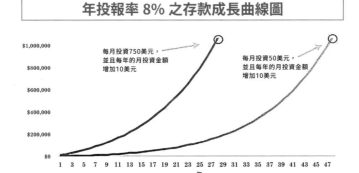

年投報率 8% 之存款成長曲線圖

每月投資750美元，
並且每年的月投資金額
增加10美元

每月投資50美元，
並且每年的月投資金額
增加10美元

$1,000,000

$800,000

$600,000

$400,000

$200,000

$0

1　3　5　7　9　11　13　15　17　19　21　23　25　27　29　31　33　35　37　39　41　43　45　47

年

◎ 規劃你的職業生涯

思考未來的職業前景和目標永遠不嫌早！

我有不少朋友上學時換過很多課程。他們只是為了學位而讀書，卻沒有對學習的目的和意圖思考太多。你猜猜他們後來怎麼了？結果是，許多人畢了業背著一大筆債，卻還一樣做著他們在讀書期間的兼職。

追求你的生活並沒有甚麼所謂正確的方式，每個人都有自己的路，和最適合自己的選擇。然而不管如何，要做出明智的財務決策，這當中一部分是規劃目標——包括你的教育或任何可以用金錢衡量的目標。

你越早開始探索現有的職涯規劃和機會，就有更多的時間計畫自己的高等教育，做出正確的決定。高等教育可是一筆大投資。

那麼如何開始規劃職業生涯呢？下面是需要思考的一些事情。

1. **你對什麼感興趣：**你的熱情是一個很好的起點。我十幾歲的時候非常喜歡玩電腦。我架了一個有大流量的網站，家人因而叫我「微蜜」(MicroMich)，因為我想成為下一個比爾．蓋茲（Bill Gates）。我被計算機科學科系錄取，但最後還是選了數學和商業。在大一那年，我有一門計算機科學課程被當，之後我就變得討厭寫電腦程式了。

在高中期間，我對商業產生了濃厚的興趣……恰好我數學也很行。經過了實習、與大人討論，我探索了幾條潛在的職業道路後，最終發覺金融業是我想要走的路。與各行各業的大人交談最能激勵我。因此，如果你對哪一領域有興趣，請開始向你的朋友和家人探聽，看看有誰可以讓你請教。

2. **何處進修：**如果你對自己想從事的職業類型有想法，很棒！那接下來應該做的是研究專門提供這種職業教育的學校，或是老闆們最愛用哪所學校的相關科系畢業生。

你可能想到一所名校還有一些作為備案的學校。那麼就檢視它們的入學要求並開始針對這些要求做準備。可能你會需要提高平均成績或參加更多的課外活動。

請確定你對有興趣工作的公司也做了研究。看看它們是否在夏季徵學生，或者是否聘用特定學校的應屆畢業生。例如，許多著名的華爾街銀行，如高盛（Goldman Sachs）或摩根史坦利（Morgan Stanley），往往會聘用華頓商學院（Wharton School）或哈佛（Harvard）等常春藤聯盟學校的大學生。如果你對社交媒體感興趣，數位行銷課程可能會適合你，請搜尋有相關課程的學校。

3. **需要多少學歷？** 你有興趣的職業是否需要大學以上的教育？如果是這樣，那會是什麼情況？例如，律師和醫生在大學後還需要更多年的學習，這代表需要更多的學費，和延遲開始就業的時間。

如果你有興趣攻讀碩士或博士學位，你將需要更多

在校學習的時間和更多的貸款，潛在的賺錢機會在
短期內也會減少。有許多醫生四十多歲了仍在償還
學生貸款，以他們的高薪，毫無疑問最後會還完，
但並不是每個攻讀碩士或博士學位的人都能拿到高
薪。

所以說……

4. **它會有回報嗎？** 你期望在職業生涯中賺多少與實現
它所需要的成本，兩者之間的關係，請牢記在心。
有些人爲了拿到一個學位花費超過 25 萬美元，但
因爲他們選擇的行業限制，每年稅前收入只有 5 萬
美元，對我來說這就沒什麼道理。

這是爲什麼有人畢業很多年後，還無法還清學生貸
款的原因！

某些行業會限制個人薪資，無論他們有多麼成功。
另一方面，其他行業可能迫切需要人手，因此老闆
願意支付大把鈔票來吸引具有特定技能或資格的人。
思考一下你選的行業在未來幾十年的走向。這個領

域的工作會過時嗎？科技會接替一切，讓一切變得自動化嗎？你需要研究一下。想像投資超過 10 萬美元用在好幾年的教育學習，而且學的是一項已被機器人取代而不再需要的技能！

5. **要住哪裡？**我在加拿大最大的城市多倫多長大。這裡對於任何想從事金融工作的加拿大人來說，是個定居的好地方，因為大銀行的總部都在這座城市。同樣的，在美國許多金融家聚集在紐約市，志在華爾街找到一份體面的工作。如果你是一位有抱負的科技大神，那麼加州的矽谷（Silicon Valley）就是你的理想去處。

如果你來自一個工作機會有限的小鎮，除非可以遠距工作，否則你可能不得不離鄉發展。一旦知道你的工作機會落在哪裡，請一併考慮可能要搬家的地點。我許多國外朋友搬到加拿大就是為了獲得更好的工作機會，也更有機會創造比留在家鄉更好的生活。

◎ 規劃你的退休生活

想像如果你不用上學、不用工作，每天想做什麼就做什麼，你的生活會是什麼樣子。這是大多數人定義退休的方式，而人們通常要到六十多歲才能退休。

你可能很想知道：「為什麼我現在要考慮幾十年後的事情？」還記得我說過我 31 歲時被解雇，但因為有 10 萬美元的投資組合，我可以做任何我想做的事而不用為錢擔心嗎？這就是為什麼。

為你的未來儲蓄和投資，不僅僅為了在 60 多歲時能退休，如果你在人生中的任何時候不工作了，你的儲蓄和投資就會派上用場！如果你存夠錢，甚至可以在 60 歲之前退休！那麼要怎麼妥善做好退休規劃呢？繼續往下讀你就會知道！[20]

---

20 此節內容為美國的制度，僅供參考。在台灣，雇主應替勞工提撥不低於每月工資 6% 的勞工退休金到勞工保險局設立的「勞工退休金個人專戶」之中，勞工個人可再自願提撥最高每月工資 6% 的金額至該帳戶中，自願提撥部分可以自當年度的個人綜合所得稅總額中全數扣除。勞工年滿 60 歲即可請領退休金，年資滿 15 年者可選擇一次提領或按月提領，年資未滿 15 年者只能一次提領。

■ 個人退休帳戶

稅金將是一生中最大的帳單，因此值得花時間看看如
何減少這筆費用！當你投資在個人退休帳戶時，會有以下
好處：

- 你為帳戶投入資金那一年可以扣減稅額。
- 所有投資收益可以免稅——包括利息、股利和資本
  利得。

個人退休帳戶是一種延後課稅的帳戶（tax-deferred
account），這是說你不用為投資收益或薪資收入納稅。
你需要納稅的時機，是當你在退休期間提款時（此時是你
希望適用較低稅率級距的時候）。存入這種帳戶的資金可
以減抵你當前的稅單，因此我們稱為稅前資金。另一方面，
羅斯個人退休帳戶是一個稅後資金的投資帳戶，因為你投
入的資金是已經納稅後的收入，所有投資收益都是免稅的，
從帳戶中提款也不需要繳納任何稅款。

■ 401(K) 退休金制度

當你是一家公司的正職員工時，你的雇主可能會為你提供諸如 401(k) 計畫之類的福利。401(k) 是雇主資助的計畫，能讓你在雇主的幫助下儲蓄和投資你的退休生活。401(k) 與個人退休帳戶一樣是稅前帳戶，投資收益免稅。

假設你的雇主有提供 401(k) 計畫，你按薪資提撥一定百分比的金額，並且他們也配合提撥 100% 的金額，那你的退休投資就會翻倍。舉例來說，如果你每年賺 57,000 美元，並將薪資的 6% 提撥至 401(k)，然後你的雇主也配合提撥 100% 的金額，那麼你從自己的薪水中存起來的錢就有這麼多：

$$6\% \times 57,000 \text{ 美元} = 3,420 \text{ 美元}$$

當雇主 100% 配合你提撥的數目時，你實際上是藏了：

$$\$3,420 \times 2 = \$6,840 \text{ 美元在你的退休帳戶中！}$$

　　這好比意外之財，因此請確保找工作時，將這些福利作為衡量公司優劣的指標！

■ 退休金

　　退休金計畫也是雇主資助的計畫。雇主提撥資金到你的退休基金（你也可以自己提撥）並代為管理這筆錢。當你退休時，雇主會給與終身月退俸，因此，由雇主承擔投資風險。退休金計畫不同於 401(k)、羅斯個人退休帳戶和個人退休帳戶，以後三者來說，你要負責把錢存入你的退休基金、承擔投資風險，還要確保你的錢能用到臨終那一天！

　　股市表現有多差並不會影響退休金計畫承諾會付給你的退休金（除非公司破產）。能有提供保障的退休收入棒呆了。想像一下，即使不工作也能永遠有薪水可領！請確定你大致知道會領到多少退休金，因為這可能不夠支付你退休後的所有開銷。

■ 社會保險金制度

　　社會保險金制度是由政府資助的另一種退休金形式。身為美國納稅人，就有權享受退休福利。至於能領多少，取決於何時退休和任職期間的收入。你在任職期間繳納社會安全稅，政府只是代你管理這筆錢。因此退休之後，你將可以一直領到死為止。

　　你賺得越多、開始領社會保險金的時間越晚，那你每月可以領的福利金就越高。以下舉例讓你了解這種給付的可能情況。假設一個人在 66 歲（完全退休年齡）退休，到 2022 年可領到的最高福利金是每月 3,345 美元，或每年 40,140 美元。這些給付每年都會隨通貨膨脹而調整。

　　退休規劃的重點在於，安排好收入來源，確保不會花光所有的錢！

成功的故事　實習

　　我就讀的大學以在學期期間安排學生實習而聞名。我上課 4 個月，然後工作 4 個月——如此斷斷續續地工作了將近 5 年。我做出的犧牲是不能加入足球校隊，雖然有點遺憾，但最後還是值得的。反正我也永遠不會成爲一名職業足球運動員！相反的，我畢業時已有 2 年的工作經驗，比沒有實習經驗的同學更容易找到工作。

　　許多像我一樣有過實習的朋友都能夠：
- 自己賺錢補貼學費
- 獲得寶貴的工作經驗
- 在他們的職業生涯中領先一步

　　所有這些都使我們比其他同學更早實現財務富足。我們有更強的就業能力，能更快還清債務、更早開始儲蓄，並且早一步買房。如果你能在暑假期間得到實習機會，我強烈推薦！

職涯規劃

　　現在是時候開始腦力激盪，想想你潛在的職涯發展了。按次序完成以下的功課。

1. 寫下你的興趣和你熱衷的事情。

2. 寫下你的技能是什麼，以及你想要提升改進的地方。

3. 就你寫下之技能和興趣，研究相關的工作和行業。

4. 從你認識的人（例如家人和朋友）當中找出有人脈資源者。他們可能可以幫你與列出的工作或行業中之專業人士搭上線。

5. 研究提供相關課程的學校，這些課程將使你踏實通往該職業。

6. 開始努力培養對你職業生涯有幫助的技能。舉例而言，如果你想成為一名電腦開發人員，請開始學習如何寫程式。搜索網路上的免費課程，或與你學校的老師討論如何獲得你需要的資源。如果事實證明你討厭寫程式，那麼成為程式開發人員的訓練並不適合你！

◎ 立志高遠

　　恭喜你！現在你已經具備財務素養，並解鎖一項重要的生活技能：如何創造和管理生活所需的一種資源：金錢。你的目標是什麼？也許是計畫環球旅行、在 35 歲退休、送孩子上學，或者只是讓世界變得更美好。你現在有了著手規劃和執行的工具與知識。人生在世幾乎所有事情都涉及金錢，所以你擁有的越多（並且存的越多！），你給自己的選擇就越多，而生活的壓力就會越小。

　　我之前提到過，現在我再說一遍：只要年輕並儘早踏上投資之旅，你就能獲得最大的優勢。你會面臨需要作出抉擇的時候，例如像是現在購買最新的手機好呢，還是把錢投入在未來的用途上。這些決定並不容易，因為我們都喜歡活在當下，但往往最後會是，未來的你將會感謝自己在那時那刻做出的選擇。

　　如果我可以給十幾歲時的自己三大建議，那會是：遠離債務、儘早投資、永遠不要對你的經濟潛力設限。這個世界有著數不盡的財富，而你剛學會了幾種累積財富的方

法：儲蓄、投資和創業。要立志高遠，當你覺得自己有一個好目標時，請不要安於現狀，再設定更高的目標！因為，你敢於擁有的夢想有多大，你的世界就可以有多大。

第七章懶人包

你應該從本章解鎖了：

- ◉ 你所能開設的各種不同類型的帳戶
- ◉ 如何規劃你的教育以及籌措費用
- ◉ 如何規劃你的職業生涯
- ◉ 什麼是退休以及何時開始投資（就是今天！）

詞彙表

年收益率（annual percentage yield，APY）：投資的實際回報率，包括複利。

資產（asset）：你擁有可用於財務效益的有價值物品，例如房屋、股票或現金。

熊市（bear market）：股票價格在很長一段時間內下跌至少 20% 時的股市狀態。

區塊鏈（blockchain）：以去中心化方式於網路儲存和分送的數位紀錄或交易資料庫（每個人都可以看到資料，可是沒有人可以編輯的數位交易列表；不過任何人只要遵守規則，都可以添加資料到列表中）。

債券（bond）：投資人可以向公司提供的低風險貸款，以賺取該筆貸款的利息。

經紀業務（brokerage）：連結買賣雙方以方便股票和債券交易的機構。

預算（budget）：幫助你根據收入安排支出的系統。

牛市（bull market）：股票價格在一段長時間內上漲至少20% 的股市狀態。

資本（capital）：可以用來賺更多錢的財物，比如金錢。

資本利得（capital gain）：出售資產時獲得的利潤。

年齡證明（certificate of age）：證明年齡的官方文件，以允許雇主雇用未成年人。

複利（compound interest）：從你的儲蓄中所賺到的累積利息，加上利息再生的利息。

配息（coupon）：支付給債券的年利率。

信用貸款（credit）：往後需要償還的借款（通常有利息）。

信用合作社（credit union）：由其成員擁有並提供貸款、
銀行帳戶和信用卡等服務的非營利性金融機構。

貨幣（currency）：由國家發行的紙鈔和錢幣。

簽帳金融卡（debit card）：直接從銀行帳戶中扣款的提
款卡。

債務（debt）：指一方欠另一方的錢。

違約風險（default risk）：借款人沒有向貸方償還債務或
利息的可能性。

股權（equity）：所擁有資產的價值，如股票或房地產。

公平市場價值（fair market value）：由公開市場上買賣
雙方決定爲某一資產所支付的價格。

法定通貨（fiat currency）：政府發行的紙幣或硬幣形式

的貨幣，沒有任何像黃金或白銀的實物支持。

財務報表（financial statements）：顯示公司財務和損益狀況的書面文件。

固定開銷（fixed expense）：在成本和重複性方面可預測的費用。

基金、基金公司（fund）：以股票、債券或兩者兼具的形式投資於成百上千家公司的資金池。

損益表（income statement）：顯示公司利潤或虧損的財務報表。

指數（index）：一群按類別分組而共同代表某種事物的公司（例如，標普 500 指數）。

間接成本（indirect costs）：企業經營時，不包括直接在開發製造產品或服務（例如行銷）中的成本。

通貨膨脹（inflation）：隨著時間的進展，貨幣價值損失導致價格上漲的情況。

利息（interest）：對於借錢所收取的費用。

美國國稅局（Internal Revenue Service）：負責收稅的美國聯邦機構。

投資（invest）：花錢讓錢為你工作的過程。

信用額度（line of credit）：一種有預設限額的貸款。

管理費用比（management expense ratio，MER）：基金管理總費用占當年管理的平均總資產之百分比。

抵押貸款（mortgage）：一種用於購買資產的貸款，如房屋。

淨收入（net income）：公司從收入中扣除所有費用和稅

金後的利潤。

非同質化代幣（non-fungible token，NFT）：可以在區塊鏈網路上買賣的數位資產（音樂、圖像或影片）。

被動式收入（passive income）：來自不需付出努力就可獲得的收入，例如有股利的股票或出租的物業。

個人貸款（personal loan）：經由協議，在固定期限內要償還包括利息的借款。

投資組合（portfolio）：一組投資，可能包括股票、債券、物業出租和現金等。

本金（principal）：用於一開始投資的資金。

實質國內生產毛額（real gross domestic product，real GDP，實質 GDP）：一個經濟體根據通貨膨脹進行調整後，在特定時期內所生產的商品和服務之價值。

回報（return）：隨時間進展，在投資中賺取或損失的
金錢。

銷售佣金（sales loads）：因出售共同基金而支付給財務
顧問或經紀人的費用。

證券（security）：可以買賣或交易的資產。

股東（shareholder）：擁有公司股票至少 1 股的個人或
機構。

股票（stock）：一部分的公司所有權。

股票市場（stock market）：買賣股票的地方。

變動費用（variable expense）：每月、每週或每天會變
化的費用。

創業投資資本家、創投資本家（venture capitalist）：將

資金投入於具有高成長前景的私人公司，以換取該公司一定比例所有權的投資者。

工作許可證（work permit）：允許未成年人就業的官方文件。

相關資源

更多有關投資的書籍：

1. 《**彼得林區選股戰略**》(*One up on Wall Street*) **作者：彼得．林區**（Peter Lynch）

   這是一本有關教新手如何選擇個別股票的書。

2. 《**自信投資人**》(*The Sassy Investor*) **作者：蜜雪兒．洪**（Michelle Hung）

   循序漸進教導如何投資股票市場的投資指南。

3. 《**巴菲特投資之道**》(*The Warren Buffett Way*) **作者：羅伯特．海格斯壯**（Robert G. Hagstrom）

   來自世界上最偉大投資者之一的深刻見解和投資策略。

網路資源：

1. **股利成長投資客**（Dividend Growth Investor）：聚焦股利成長股票的部落格。
   dividendgrowthinvestor.com

2. **愛麗卡・庫伯格**（Erika Kullberg）：致力於為企業家和業主提供法律建議的律師和個人理財專家。
   erikakullberg.com

3. **跟著羅斯一起投資**（Investing with Rose）：聚焦金錢和投資的 YouTube 頻道。
   youtube.com/c/InvestingWithRose

4. **晨星**（Morningstar）：提供經濟新聞和公司研究的網站。
   morningstar.com（台灣官網 https://tw.morningstar.com/tw/）

5. **TeenVestor**：聚焦青少年投資的網站。

teenvestor.com

6. **華爾街倖存者**（Wall Street Survivor）：模擬股票市場的網站，可以練習建立股票投資組合並能以比賽方式挑戰你的朋友。

wallstreetsurvivor.com

致謝

THANK YOU

　　我非常感謝我的同事、朋友和職場導師，讓我在企業和個人理財領域獲益匪淺。

　　感謝我的學生和聽眾，謝謝你們抽出時間和精力，給我空間成長為老師、導師和影響者。

　　感謝我那不可思議的家人和朋友們，你們緊盯著我，讓我得以寫出這本書並和我一起慶祝：肖恩（Sean）、瑪麗（Mary）、丹妮拉（Daniella）、莎麗娜（Sarina）、派屈克（Patrick）、傑米（Jamie）、弗洛爾（Flor）、艾莉（Ellie）、克里斯汀（Christian）、瑪蒂娜（Martyna）、薇洛妮克（Veronique）、安東（Anton）、阿利斯泰爾（Allistair）、羅伯（Rob）、威爾（Will）、奧利弗（Oliver）和海瑟（Heather）。

　　最後，特別要感謝我的爸爸媽媽，十二萬分的感謝；還有姐姐雪麗兒（Cheryl），妳對我永無止境無條件的愛和支持。

國家圖書館出版品預行編目 (CIP) 資料

青春理財提案：提早跟金錢打好關係，替你的錢包把關與儲值 / 蜜
雪兒・洪（Michelle Hung）著；柯文敏譯 . -- 初版 . -- 臺北市：商
周出版：英屬蓋曼群島商家庭傳媒股份有限公司城邦分公司發行 , 民
112.4
　面；　公分 -- (BO0345)
譯自 :Investing for Teens
ISBN　978-626-318-638-5(平裝)

1.CST: 個人理財 2.CST: 投資 3.CST: 青少年

563   112003642

BO0345

青春理財提案

提早跟金錢打好關係，替你的錢包把關與儲值

原 文 書 名／ Investing for Teens
作　　　 者／ 蜜雪兒‧洪（Michelle Hung）
譯　　　 者／ 柯文敏
企 劃 選 書／ 陳冠豪
責 任 編 輯／ 陳冠豪
版　　　 權／ 吳亭儀、林易萱、江欣瑜、顏慧儀
行 銷 業 務／ 周佑潔、林秀津、黃崇華、賴正祐、郭盈均

總　 編　 輯／ 陳美靜
總　 經　 理／ 彭之琬
事業群總經理／ 黃淑貞
發　 行　 人／ 何飛鵬
法 律 顧 問／ 台英國際商務法律事務所
出　　　 版／ 商周出版
　　　　　　　台北市中山區民生東路二段 141 號 9 樓
　　　　　　　電話：(02)2500-7008　傳真：(02)2500-7759
　　　　　　　E-mail：bwp.service@cite.com.tw
　　　　　　　Blog：http://bwp25007008.pixnet.net/blog
發　　　 行／ 英屬蓋曼群島商家庭傳媒股份有限公司城邦分公司
　　　　　　　台北市中山區民生東路二段 141 號 2 樓
　　　　　　　書虫客服務專線：(02)2500-7718‧(02)2500-7719
　　　　　　　24 小時傳真服務：(02)2500-1990‧(02)2500-1991
　　　　　　　服務時間：週一至週五 09:30-12:00‧13:30-17:00
　　　　　　　郵撥帳號：19863813　戶名：書虫股份有限公司
　　　　　　　讀者服務信箱：service@readingclub.com.tw
　　　　　　　歡迎光臨城邦讀書花園　網址：www.cite.com.tw
香港發行所／ 城邦（香港）出版集團有限公司
　　　　　　　香港灣仔駱克道 193 號東超商業中心 1 樓
　　　　　　　電話：(825)2508-6231　傳真：(852)2578-9337
　　　　　　　E-mail：hkcite@biznetvigator.com
馬新發行所／ 城邦（馬新）出版集團【Cite (M) Sdn. Bhd.】
　　　　　　　41, Jalan Radin Anum, Bandar Baru Sri Petaling,
　　　　　　　57000 Kuala Lumpur, Malaysia.
　　　　　　　電話：(603)9056-3833　傳真：(603)9057-6622
　　　　　　　E-mail: services@cite.my

封 面 繪 製／ 席加、陳小雅　　　協　　力／ 有橋漫畫工作室
封 面 設 計／ 李偉涵　　　　　　內文排版／ 林惠儀
印　　　 刷／ 鴻霖印刷傳媒股份有限公司
經　 銷　 商／ 聯合發行股份有限公司　電話：(02)2917-8022　傳真：(02) 2911-0053
　　　　　　　地址：新北市新店區寶橋路 235 巷 6 弄 6 號 2 樓

Investing for Teens: How to Save, Invest, and Grow Money by Michelle Hung
Copyright © 2022 by Rockridge Press
First Published in English by Rockridge Press, an imprint of Callisto Media, Inc.
This edition arranged with Callisto Media, Inc. through BIG APPLE AGENCY, INC., LABUAN, MALAYSIA.
Traditional Chinese edition copyright: 2023 Business Weekly Publications, A Division of Cite Publishing Ltd.
All rights reserved.

■ 2023 年（民 112 年）4 月初版

定價／ 350 元（紙本）　245 元（EPUB）
ISBN：978-626-318-638-5（紙本）
ISBN：978-626-318-645-3（EPUB）

Printed in Taiwan
城邦讀書花園
www.cite.com.tw

版權所有‧翻印必究